이슬람, 신라를 말하다

무슬림의 이상향, 세계의 이정표

* 이 글은 2019년 대한민국 교육부와 한국연구재단의 HK+ 사업의 지원을 받아 수행된 연구임 (NRF-2019S1A6A3A03058791).

일러두기

이 책은 다음과 같이 표기한다.

1. 외래어는 외래어표기법에 따랐으나 인명, 지명 등의 독음은 원어 발음을 존중해 그에 따르고, 관용적인 표기와 동떨어진 경우 절충하여 실용적인 표기로 하였다.
2. 단행본·전집 등은 겹낫표(『 』), 논문·단편 등은 홑낫표(「 」), 그 외 TV 프로그램, 예술 작품 등의 제목은 홑화살괄호(〈 〉)로 표시하였다.
3. 직접적으로 인용한 부분은 큰따옴표(" "), 재인용이나 강조한 것은 작은따옴표(' ')로 표기하였다.

표지 사진 설명

중세 최고 수준의 지식과 예술성을 공인 받은 알–이드리시의 세계지도는 동아시아 바깥에서 처음 한국(신라)을 담은 지도다. 북유럽 기독교 왕이 시칠리아의 무슬림을 최고 책임자로 임명해 제작한 은제 지구본과 세계지도 및 지리서는 아랍어와 라틴어로 제작되어 이슬람 세계는 물론 유럽 대학에서도 수세기 동안 대학교재로 채택되어 한국에 관한 정보를 유럽에 처음 제공한 매체이기도 하다. 또한 그의 지도는 유럽과 이슬람 세계는 물론 조선의 〈혼일강리역대국도지도〉를 비롯한 동아시아 지리 지식의 형성과 지도 제작에 결정적 영향을 준, 아프로–유라시아 공통의 지리관의 원천이자 허브였고, 고대의 지명과 신화부터 당대의 정보와 상상마저 포괄하며 시대를 넘나들게 해주는 포털이었다.

이슬람, 신라를 말하다

무슬림의 이상향, 세계의 이정표

정진한 지음

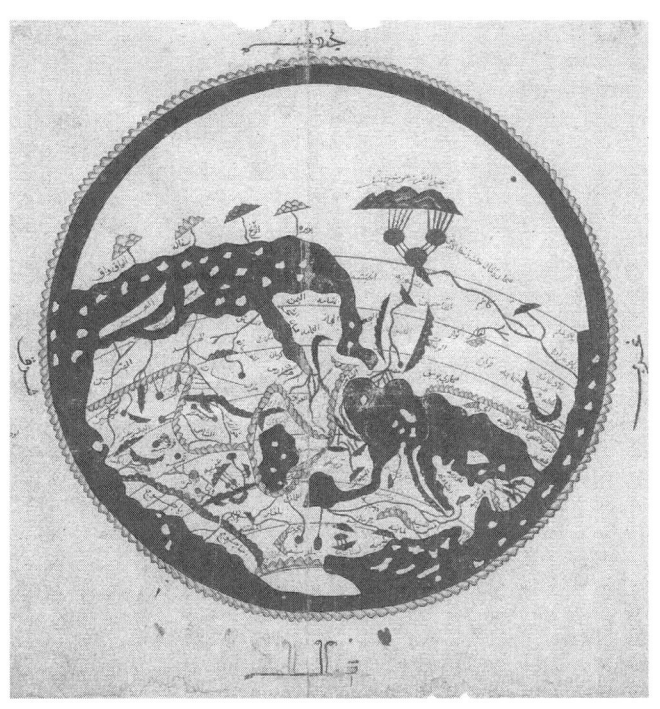

씨아이알

들어가며

이슬람 세계와 한국, 그 대화의 장으로 초청하며

이슬람과 관련한 것을 처음 접한 것은 초등학교 시절 매년 그리던 국기 그리기 시간, 만장일치로 난이도 끝판왕에 추대된 사우디아라비아의 국기였다. 이 국기 속 불가사의한 암호 그림은 이슬람의 시작과 끝이 담겨 있는 글자였다. 그 다음은 쿠웨이트에 크레인을 타러 3년에 한 번씩 사라졌다 나타난 이모부가 자랑하시던 외국 돈이었다. 하지만 이들이 이슬람과 관련 있다는 사실을 알게 된 것은 열여덟 살 대학에 입학하고서였다.

오늘날 이슬람은 전 세계 인구의 4분의 1인 19억 명을 신자로 거느리고, 전 세계 국가 중 4분의 1인 57개국을 이슬람 협력기구OIC 가입국으로 보유할 정도로 흔한, 세계 제2의 종교다. 그러나 이러한 세계적 위상과는 달리 우리나라에서는 단 0.071%만이 이슬람을 신봉하고 있다. 인구의 약 5%를 차지하는 국내 외국인 역시 – 재외 동포 출신과 중국계가 국내 외국인의 과반을 차지하는 특수성을 감안하더라도 – 겨우 열 중 하나만이 무슬림일 정도로 대한민국에서는 희소한 존재다.

20세기까지만 해도 한국인들에게 이슬람은 머나먼 곳에 사는 다른 생김새의 낯선 사람들이 믿는 종교, 돼지고기와 술을 먹지 않는 등 이해하기 어려운 엄격한 계율의 세계라는 인식에서 크게 벗어나지 않았다. 그저 낙타를 타고 사막을 오가는 아라비안나이트의 세계, 짙은 피부에 큰 코와 부리부리한 눈을 가진 베일 속 인물들은 다소 신비롭기까지 했다. 그래서인지 아직도 많은 한국인은 이슬람이라는 종교와 이를 믿는 신도인 무슬림을 구분하지 못한다.

하지만 본격적으로 이슬람을 처음 접한 한국인 대부분이 중동에서 큰돈을 벌어온 노동자들이었고, 이 돈을 종잣돈 삼아 일어선 가정이 많다는 것은 누구나 알고 있었다. 한국의 산업화 역시 이 돈의 도움이 컸기에 한국인 다수는 이슬람 세계에 고마움을 가졌고, 역사적으로나 현실적으로 부딪힐 일마저 없었기 때문에 우리에게 이슬람은 특별히 부정적으로 여겨질 이유가 없는 없는 호의적 대상이었다.

이후 한국인이 지구촌 곳곳으로 진출하고 또 세계인이 한국을 드나들기 시작하면서 이슬람에 대한 몽환적 이미지는 점차 선명해졌지만, 그 뒤에 드리워진 두렵고 부정적 그림자도 함께 짙어지기 시작했다. 이제 많은 한국인은 무슬림들이 중동에만 사는 것이 아니라 동남아시아와 남아시아 등 세계 도처에 분포해 있고 그들의 생김새와 문화도 다를 수 있음을 알아가기 시작했다.

21세기 벽두의 9·11테러와 탈레반의 만행 등이 알려지면서 한국의 일부 국민은 무슬림을 테러분자나 광신도로 취급했다. 결정적으로 납치 후 끔찍하게 살해되는 장면이 생중계된 김선일 씨 사건과 뒤이은 샘물교회 납치 사건, 소말리아 해적의 한국 선박 나포 등을 계기로 몇몇이 선동한 이슬람권 전체의 악마화 운동은 적잖은 한국인의 호응을 얻었다.

하지만 20여 년간 이곳을 드나든 저자가 내부에서 들여다본 이슬람 세계는 한국에 비치는 이미지와 완전히 달랐다. 유학과 직장 생활, 여행을 통해 이슬람 세계 곳곳에서 경험한 이 방대한 세계의 특징을 한 마디로 표현한다면, '다양함'이다.

방탄차에 방탄 조끼와 방탄 헬멧으로 싸매고서도 앞뒤로 세 대의 경호차를 더 붙여야 겨우 집 밖을 나설 수 있던 바그다드나, 큰 총으로 무장한 채 삼엄하게 선거를 감시하던 군인들이지만 외국인에게 투표 장면 촬영을 허락해주던 묘한 긴장감의 테헤란도, 한국에서는 금지된 토플리스 차림의 행락객들이 활보하는 남다른 자유의 이집트 해변조차 모두 이슬람 세계의 하나였다.

시리아 난민 숫자가 폭증하자 아프간 난민 수용 인원을 줄인 영국에서 공부하면서, 더 어려운 처지의 무슬림들에게 우선순위에서 밀려 당분간 가족을 데려올 수 없게 된 현실에 절망하던 아프간 친구들과 밤을 새며 그들의 하소연을 들을 때면, 이슬람 세계 바깥의 무슬림 사이에서 벌어지는 다양한 역학관계도 새롭게만 보였다. 이들 사이를 오가며 다짐한 가장 큰 결심은 내 경험과 생각을 토대로 한국인들에게 무슬림들과의 대화를 주선해 보자는 것이었다.

무지는 두려움을 낳고 불통은 오해를 낳는다. 역사는 과거인들이 기록한 사건을 읽고 그 속에 담긴 그들의 의식과 무의식의 관념을 헤아려 현재인들이 재해석하는 대화의 과정이다. 교류사 연구는 서로 다른 공간에 있는 각자가 물질적, 정신적, 인적으로 미친 영향을 시간의 띠마다 추적하고 분석한다. 하지만 통시적으로 다른 시간대의 사람들이, 공시적으로 다른 공간의 사람들이, 다양한 형태로 소통하면서, 상대의 의식과 무의식에 아로새긴 관념을 오늘날의 우리가 들여다볼 때면 참 많은 공부가 필요하다.

  이를 위해 내가 선택한 것은 중세 이슬람 문명의 교류사였다. 그중 핵심은 과거와 현재·미래를 잇는 중세, 그리고 중세 세상의 중심을 차지한 이슬람 문명권이다. 이들은 구대륙인 아프리카와 유럽과 아시아의 가로와 세로의 한가운데를 차지했다. 유라시아의 중부에서부터 서쪽 끝까지는 직접 지배했고, 동쪽 끝까지는 지배 대신 무역과 선교, 이민을 통해 교류했다. 그 지평의 동쪽 종착점에는 한국이 있었다. 그래서 한국까지의 교류를 알면 유라시아 교류의 전체를 그릴 수 있으리라 발상했다.[1]

  그러나 그 드넓은 이슬람 문명권과, 거기서 한국까지 오는 노정에서 거쳐야 했던 무수한 지역들의 역사까지, 내가 배워야 할 것은 너무도 많았다. 특히 여러 언어로 된 무수한 사료들을 이해해야 하지만 한자 문명권에서 자라 아랍문자와 그 자매 문자를 중심으로 발달한 이슬람 문명권을 전공하기 위해 라틴문자 문명권에서 박사과정을 다닌 나는 아직 무엇 하나 완성하지 못했다.

  다만 늘 누구와도 협력할 준비를 하고 있다. 번역된 자료를 수집하고 각 지역에서 나고 자랐거나 그 지역을 전공하는 다양한 이들의 의견과 생각을 주고받으며 공방을 나누고 있다. 거기에다 새로 개발되고 있는 다양한 디지털 기술은 과거와는 비교도 할 수 없을 정도로 연구에 편의를 제공해준다. 하지만 아직 발굴된 것 이상으로 먼지 속에 파묻혀 있는 두루마리 필사본과 유물이 많기에 이 공부는 AI가 아무리 발달해도 당분간 끝을 보기 어려울 것이다.

  나의 이러한 문명교류 연구의 원천에는 위공 정수일 선생의 삶과 저술, 그리고 그가 세워 소장으로 역임했던 한국문명교류연구소가 있었다. 그곳에는 다양한 문명권의 언어와 역사, 사상과 문학, 관념세계와 현실세계 및 그들 사이의 교류를 연구하는 그의 후학들이 있었고, 나는 그곳에서 배우고 성장하며 때론 해외를 오가며 가르침을 구했다.

선생님은 파란만장한 인생 노정의 후반을 문명교류와 민족주의라는 어쩌면 상반되어 보이지만 가장 일맥상통하는 주제의 연구와 설파에 헌신하셨다. 16년간 그는 문명교류학이라는 학문의 기틀을 세우고 실크로드의 개념을 새롭게 정립²함으로써 전국 방방곡곡의 문명교류와 실크로드 연구 기관의 설립과 국내외 문명교류 연구자들의 배양에 기여했다. 그 덕분에 그의 미수米壽기념 학술대회에는 전국의 실크로드나 문명교류라는 이름을 내건 연구소들 십여 곳의 기관장들이 모여 세계 학계의 문명교류와 실크로드 연구에 관한 현황과 우리의 목표 및 비전을 논의했다.

마찬가지로 그의 학설과 인생은 내가 이 공부를 선택하게 만든 결정적 계기이자 지금껏 이 주제에 천착할 수 있도록 한 원동력이었다. 때문에 나의 박사 논문은 "This dissertation is about the changing medieval Islamic world's notions of Korea by diachronically looking at the intellectual fusions of inter-civilizational exchanges across AfroEurasia(본고는 중세 이슬람 세계의 변화하는 한국에 관한 관념을 아프로-유라시아를 가로지르는 문명 간 교류의 지적 융합에 관한 통시적고찰을 통해 파악한다.)"로 시작한다.

이후 나는 이 책이 출간되는 오늘까지 관련 논문을 통해 선생님의 기존 학설을 새롭게 해석하고 다른 의미를 부여해보려고 노력했다. 그의 수많은 어록 중 하나이며 교과서에도 실린 "스승은 제자가 자신의 업적을 능가했을 때 보람을 느낀다"를 위해 노력했고, 이에 부합하고자 할 수 있는 것부터, 작은 구절부터 시작해 보다 큰 담론을 향해 그의 연구 하나하나를 논박했던 내용들을 간추리고 풀어 쓴 글이 바로 이 책이다.

이 책을 준비하는 기간 동안 몇 가지 일들이 있었다. 그중 가장 큰 사건은 정수일 선생님의 서거이다. 선생님은 본인 연구의 최종 결실인 『문명교류학』의 출간을 불과 두어 달 앞두고 소천하시기 전 나에게 유작의 최종 교정을 맡기시며 당신이 직접 마무리하지 못한 것을 가장 미안해 하셨고, 지금 이 책의 핵심 주장을 담은 나의 논문에 대한 리뷰를 돌려주지 못함을 안타까워하셨다. 흔히들 부모는 자식이 효도할 수 있을 때까지 기다려 주지 않는다고 한다. 이토록 연로하실 때까지 기다려 주셨는데 너무 늦게서야 이 글을 드려, 또 남은 글들을 아직 드리지 못함에 죄송할 따름이다.

그래도 내가 '동서문명교류' 연구집단에 합류하게 되었다는 소식을 전해드림으로써, 선생님을 기쁘게 해드릴 수 있었음에 감사드린다. 못난 제자가 스승의 유지를 받들어 헨리 율Henry Yule의 글을 더욱 발전시킨 앙리 코르디에Henri Cordier가 되겠다는 약속을 지킬 때까지 더욱 분발하겠다는 약속을 드리며, 스승님 영전에 이 첫 번째 졸고를 올린다. 그리고 이 글이 한국과 세계의 교류사에 관심을 가지는 독자들에게 조금이나마 도움이 되기를 바란다.

차례

004 　 들어가며

제1장 　 **무슬림이 처음 만난 한국,
풍요롭고 매력적인 섬 신라**

014 　 동아시아에 온 항해자들, 신라의 물산과 외교에 주목하다
028 　 이슬람 제국의 정보 수장, 신라에 온 무슬림들을 주목하다
051 　 무슬림들은 신라와 어떤 물품을 주고 받았을까?
056 　 반복되는 레퍼토리에 즐거운 상상을 추가하다

제2장 　 **무슬림들이 만들어 준 신라의 역사,
모세부터 신라의 왕까지**

063 　 성경과 꾸란을 바탕으로 보는 이슬람의 역사관과 세계관
064 　 한국과 중국에 관한 이슬람 성서학적 인식
070 　 세상의 동쪽 끝에 자리한 낙원으로서의 입지 강화

제3장 　 **무슬림들이 붙여준 신라의 위도와 경도,
그 속의 지중해부터 인도까지의 세계**

076 　 무슬림들에게 위도와 경도를 가르쳐준 외국인 스승들
080 　 모험을 통해 상상의 나라를 실제 세계로 대체하기
083 　 왜 신라를 적도 근처에 있다고 보았을까?

제4장   **세계의 양쪽 끄트머리, 카나리제도와 신라**

104   대서양의 카나리제도, 신라의 파트너로 등장

107   너희는 쌍둥이가 되어야만 해! 신라와 카나리제도

118   굴러온 돌 신라, 동경 180도를 차지하다

124   나가며

129   미주

142   참고문헌

제1장

무슬림이 처음 만난 한국, 풍요롭고 매력적인 섬 신라

제1장

무슬림이 처음 만난 한국, 풍요롭고 매력적인 섬 신라

동아시아에 온 항해자들, 신라의 물산과 외교에 주목하다

척박한 아라비아반도에서 부족한 물품을 조달하기 위해 아랍인들은 늘상 낙타 등에 올라 힘난한 모래의 바다, 사막을 떠돌았다. 그러다 610년 이슬람이라는 종교의 등에 올라 봇물 터지듯 물의 바다, 지중해와 인도양 끝까지 진출했다. 이후 그들은 이전까지 어떤 인류도 섭렵하지 못했던 광대한 영역을 직접 발로 밟고 눈으로 보고 귀로 들으면서 세상 구석구석에 분포한 자연과 사람들에 관한 정보를 수집했다. 그리고는 이를 나름의 필요에 따른 우선순위에 맞춰 정리해 가면서 중세시대 세계에서 가장 방대하고 정밀한 세계지리 정보를 종합했다.

이 방대한 지리백과의 마지막 쪽을, 짧지만 강한 인상으로 채운 항목은 바로 한반도 내의 고대 왕국들을 통일했던 나라, 신라였다.[1]

무척 이례적으로 이 중세 무슬림들은 그들에 앞서 고대와 중세를 통틀어 동아시아 바깥 세계의 어느 작가도 주목하지 않던 신라에 관해 다양하고 풍부한 기록을 남겼다.[2] 아직 먼지를 뒤집어 쓴 채 수장고나 무덤 속에 갇혀 있는 필사본 더미, 또 소실된 숱한 기록들을 제외하고도, 스무 명이 넘는 무슬림 저자들이 부단히 저술하고 개량한 기록들은 우리도 몰랐던 우리들의 면모를 그들의 시각으로 전하고 있다.

우선 외견상으로도 신라에 관한 기록은 세 가지 측면에서 아주 독특하다. 먼저 시간상 대부분의 기록이 신라의 멸망 이후에 집중되어 있고, 고려로 대체된 후에도 무려 600년 가까이나 지속적으로 생산된다. 현전하는 신라 관련 기록 중 신라가 존속하던 시기의 기록은 단 세 편뿐이다. 물론 소실된 기록이 더 있겠지만, 발견된 기록을 신라 존속기와 멸망 이후로 나눠 빈도를 비교하면, 해독하지 못한 기록의 대부분 역시 신라 이후에 작성된 것으로 추정된다.

물론, 이슬람이 태동할 당시 이미 신라는 후기에 들어섰고, 무슬림들이 동아시아에 본격적으로 진출한 지 약 한 세기 만에 신라가 고려에게 자리를 물려준 것은 중요한 이유가 될 수 있다. 하지만 고려가 신라를 대체하고 500년이 지나 조선이 뒤를 이은 이후까지도 줄곧, 적어도 편수 면에서 이슬람 저술은 신라 관련 기록이 고려 관련 기록을 압도한다.[3]

이는 한국사에서 가장 활발하게 대외 활동을 펼쳤던, 특히 동아시아보다 서쪽 세계와의 무역이 활발했던 국가가 고려라는 점에서 다소 의아하다. 특히 신라에 관한 한국의 역사서 중에는 무슬림들의 입국을 확실하게 증빙할 기록이 전무한 것에 반해, 정사正史인 『고려사』는 무슬림 상인 집단들의 입조 기록을 구체적인 일정, 상인 명단, 교역물까지 세세하게 서술했다는 점을 보더라도, 신라에 관한 기록이 고려의 그것을 압도하는 것은 이례적이다.

공간적으로도 신라에 관한 무슬림들의 기록은 무슬림들이 차지한 방대한 영역 내 한정된 지역에 치중된 것이 아니라 대서양부터 인도에 이르는 영역 전체에 걸쳐 고루 분포해 있다. 즉 어느 특정 지역의 무슬림들, 가령 동아시아와 가장 활발히 교류했던 동부 이슬람 세계의 저자들뿐 아니라, 물리적 거리상 직접 교류가 희박했던 대서양변의 무슬림들마저 굳이 한정된 지면을 할애해 신라에 관해 기록했다.

이처럼 시공을 초월해 보편적으로 무슬림 작가들이 신라에 다양한 관심을 가지고 굳이 이를 기록으로 남겼다는 점에서 보듯 신라라는 존재는 이슬람 세계에 나름의 남다른 가치와 의의를 선사했다.

내용면에서도 신라 관련 기록들은 천편일률적이지도, 그렇다고 무질서하게 제각각의 서술만 떠들어대지도 않았다. 오히려 기본적인 몇 가지 틀을 유지하되 통시적으로 또 공시적으로 일정한 유형에 맞춰 변화하고 분화했다. 즉, 신라 관련 기록은 세기를 거듭하는 긴 시간 속에서 비교적 일정한 방향으로 진화했지만, 기록 지역과 기록물의 장르에 따라, 또 작가 개인의 편집 기준과 편찬 목적 및 지적 역량의 한계에 따라 각기 다른 내용을 기술했다.

때문에 우리가 중세 무슬림들의 신라 인식을 추적하는 과정은 각 저자들이 신라를 인식하는 관점에서 발생한 변화를 확인하는 과정에 도움을 주고, 특정 사건을 계기로 한 지역 또는 전체 이슬람 세계가 세상을 바라보는 기존의 관점이 어떻게 전환되는지에 관한 연구에 유용한 바로미터이기도 하다. 따라서 신라에 관한 이슬람 기록의 추적이 직접적으로는 한국사, 동양사, 인도양사, 이슬람사와 이슬람 지리학연구의 한 분야일 뿐만 아니라, 보다 거시적으로 시대를 따라 진화하는 이슬람 세계의 세계관 변화에 관한 해석 및 이슬람을 포함한 세계 여러 문명들 사이의 교류패턴을 이해하는 단초가 된다고 본다.[4]

신라에 관한 최초의 기록들

신라에 관해 확인 가능한 가장 이른 시기의 기록은 850년을 전후한다. 당시 서아시아에서 출항한 다수의 무슬림과 보다 적은 수의 여타 종교 신자들은 중국과 인도를 위주로 인도양 항해와 무역에 필요한 지리 정보를 공유했다. 그 수많은 무슬림 항해자들의 숱한 글 중에서 온전한 형태로 오늘날까지 전해지는 가장 이른 시기의 것은 무역상 술라이만Sulaymān al-Tājir이 851년에 남긴 『중국과 인도에 관한 소식Akhbār al-Ṣīn wa-al-Hind』이다.

그가 항해 동료들에게서 수합한 정보의 총체인 이 책의 동아시아 편에는 다른 국가들에 관해서는 일절 언급 없이 신라와 중국에 관한 정보만 담겨 있다.[5] 제목에서 보듯 이 책 내용의 대부분은 중국과 인도에 관한 정보로 채워져 있다. 물론 그 외의 여러 지역에 관해서도 다루지만 대부분 소략한 수준이다. 일본과 발해는 전혀 등장하지 않고 동남아시아 역시 극히 짧고 모호하게만 나온다.

반면 신라 편은 다음과 같이 짧지만 구체적인 정보로 구성되어, 당시 어떤 면에서 신라가 무슬림 항해자들의 이목을 끌었고, 왜 그것을 기록해야만 했는지를 추정할 단서를 제공한다.

> 중국에서 바다로는 신라 섬들이 있다. 그곳에는 밝은색 (피부의) 주민들이 중국의 군주와 선물을 주고받는다. 그들은 이 교환을 지속해야 하며, 이를 멈추면 하늘이 비 내리기를 멈춘다. 우리 중 그곳을 다녀온 이가 없어 그에 관한 이야기만 전한다. 그들에게는 흰 매가 있다.[6]

태평양과 대서양 항로가 개척된 오늘날과 달리 중세 유라시아인들은 아프리카, 유럽, 아시아라는 세 개의 대륙과 이를 둘러싼 바다의 일부만을 제대로 알 수 있었다. 반면, 대서양과 태평양 너머의 세계는 미지의 영역으로 남겨두었다. 오늘날 우리에게 태평양은 동남아시아와 일본 너머의 동쪽에 펼쳐진 바다이지만, 일본을 제대로 몰랐던 중세 무슬림들에게 태평양은 한반도와 중국의 양쯔강 하구, 동남아시아라는 세로축 너머의 세계였고 대개 어둠의 바다al-Baḥr al-Muẓalim나 시커먼 대양al-Muḥīṭ al-Zifti 등으로 불렸다.[7]

방향을 바꿔 유라시아 내의 해역으로 대상을 좁혀 볼 때, 오늘날의 우리는 아프리카부터 말레이반도까지를 인도양으로, 그 동쪽 너머를 두 개의 중국해(지나해)로 구분한다. 다시 중국해는 대만 해협을 기점으로 남쪽의 남지나해와 북쪽의 동지나해로 구분한다. 반면 당시 무슬림들에게 인도양은 아프리카에서 중국 양쯔강 하구까지를 포괄한다. 양쯔강 하구는 그들의 항해의 주요 종착지였고, 항로 역시 줄곧 오던 북동향에서 갑자기 북서향으로 바뀌는 지점이다. 여기서부터는 해로가 아니라 운하와 강을 통해 내륙으로의 접근이라는 대안도 생겼다. 즉 아프리카와 동남아시아 사이의, 오늘날의 인도양과 남지나해 전역은 물론 동지나해의 일부가 모두 인도양에 속했다.

아메리카 대륙의 존재를 몰랐던 무슬림들은 태평양과 대서양을 구분하지 않고 컴컴한 대양이라고 불렀다. 이 기점이 양쯔강에서 시작되는 이유는 위의 실질적인 이유도 어느 정도 영향을 주지만, 뒤에서 자세히 다루듯 당시 무슬림들의 지리 인식의 오해에서 비롯된 것이 훨씬 크다. 그리고 그 착각의 뿌리는 무려 고대 기원 전후의 그리스 지도 속 오류까지 거슬러 올라간다. 또한 이 착오는 다시 무슬림들이 신라를 태평양에 있는 열대 섬들 덩어리로 인지하는 과정에 결정적 영향을 미쳤다.

특히 중세 무슬림들에게 유라시아 대륙 속 인도양과 지중해는 문명의 세계이지만 그 바깥을 감싸는 대양은 미지의 세계이자 비문명의 세계였다. 그들의 지리에서 신라는 양쯔강보다 동쪽의 바다 위에 자리했기에 비문명권에 속해야 하지만, 무슬림들은 예외적으로 신라를 문명 세계의 종점이자 경계로 설정했다. 이는 신라보다 남쪽에 떠 있는 또 하나의 경계, '와ㄲ와ㄲ' 섬을 야만의 세계로 묘사하는 것과 확연히 대조된다.

왜 발해와 일본은 빠지고 신라만 기록했는가?

19세기 후반, 네덜란드와 프랑스의 아랍 고문서 연구가들Arabists은 아랍의 필사본 더미를 처음 해독하고 편집하는 과정에서 '신라'와 '와ㄲ와ㄲ'라는 생소한 지명의 섬들을 발견했다.[8] 이 최초의 '신라'와 '와ㄲ와ㄲ' 연구자들은 이 두 군도群島가 일본일 수 있다고 가정했다. 먼저 '와ㄲ와ㄲ'는 그 명칭이 일본의 옛 이름 '왜국'과 발음이 비슷하다는 점과 그 위치가 인도양의 동쪽 끝이자 중국 언저리에 있다는 점이 판단의 주요한 근거가 되었다.

당시 서양 사학자들의 입장에서 일본은 당연히 중세 무슬림들이 소개할 만한 장소였다. 일본은 15세기부터 점차 유럽에 알려지기 시작해 19세기에는 이미 익숙한 대상이었다. 위치상으로도 한반도는 중국을 경유하지 않고는 인도양에 진출하기 어려운 데 반해 일본은 남동방향으로 동남아시아 해역에 직접 진출하기 유리하다.

근대에 오면서 일본은 오키나와를 흡수해 동남아시아로의 접근성을 한층 끌어올렸고, 19세기부터는 유럽과 이슬람 세계로 직접 항행하며 대면 교류를 늘려가고 있었다. 하여 근대 서양학자들의 눈에 중국 인근 해역에서 무슬림들과 교역을 했을 만한 주요 세력은 응당 일본이었다.

반면 당시 한반도에 있던 조선은 상대적으로 서양에 거의 알려진 바가 없는데다가, 매우 폐쇄적이라는 인식이 강했다. 한국의 역사에 대한 인식은 약했고, 고대 국가 신라라는 존재는 덜 알려졌다. 하지만 일부 동양학자는 역사 속 신라라는 존재를 인식했기에 이슬람 기록 속 '신라'가 한반도의 고대 왕국 '신라'일 수도 있다고 추정했다. 하지만 그들에게조차, 중세 무슬림들이 신라는 언급하면서도 그 곁의 일본만 빠뜨린다는 것은 당대 상식과는 거리가 먼 일이었다.

보다 후대로 오면서 신라와 와끄와끄의 정체는 '신라설', '일본설'과 '동남아시아설', '상상의 지역' 및 기타 학설 등으로 갈리며 오락가락했다.[9] 그중 신라의 정체에 관해서는 크게 '신라설'과 '일본설', '신라와 일본을 통칭', 그 외 등으로 나뉘었다가 최근에는 다음을 근거로 '신라'를 지칭한다고 거의 의견을 모았다.[10]

앞서 언급한 글을 다시 살펴보면 신라는 중국의 항구에 도착한 무슬림들이 바다 너머에 알고 있는 유일한 세계이자 문명을 갖춘 국가로 인식되었다. 그 이유로는 9세기 중반을 전후한 당시 무슬림들과 신라인들의 활동 반경이 겹치는 반면 인근의 일본이나 발해와는 당대의 정치경제적 상황으로 인해 상대적으로 접점이 훨씬 적었던 시대적 환경이 결정적 영향을 미쳤다.

서아시아 일대에서 출항해 인도를 경유한 무슬림들은 당시 중국령이었던 오늘날의 하노이 인근부터 양쯔강 하구 사이를 주요 거점으로 삼아 동아시아와 거래했다. 그들 대다수는 양쯔강보다 더 북쪽 지역에서의 활동이 드물었기에 이 강북 지역을 주 무대로 활동한 발해인과 마주칠 기회도 제한적이었다. 자연히 발해에 관한 무슬림들의 기록 역시 보고된 사례가 없다.

대신, 산둥반도부터 양쯔강 이남에 이르는 넓은 지역에 걸쳐 거주·활동했던 신라인들과는 활동영역이 상당히 겹치기에 풍부한 기록을 남겼다. 그럼에도 신라에 관한 기록의 주변에서 일본이 빠졌음을 납득하기 어려웠던 일부 일본학자들은 한때 무슬림 저자들이 신라와 일본을 혼동했거나, 일본과 신라를 합쳐 신라로 지칭했다는 다소 무리한 주장을 펼치기도 했다.

하지만 무슬림들이 처음 신라에 관해 기록하기 시작한 시기를 전후로 당시의 일본은 독자적인 천황을 내세우며 빚어진 마찰 등의 이유로 중국과의 관계가 나빠졌다. 우선, 정기적으로 보내던 견당사마저 이 시기 직전에 끊겨 당조 멸망까지 근 80년간 실질적으로 단절됐다. 실질적이라고 굳이 밝힌 이유는 단절기에도 파견을 시도한 적이 있었으나 좌초 등의 이유로 성사된 경우가 없었기 때문이다.

물론 승려의 파견이나 밀무역 등의 형태로 비공식적인 사적 교류가 전무했던 건 아니었다. 하지만 당시 중국을 다녀간 일본 승려 엔닌圓仁이 그의 사행기 『입당구법순례행기入唐求法巡禮行記』에 상세하게 기록했듯, 당나라에서 일본인들의 활동과 영향력은 신라와 비교할 수 없을 만큼 미미한 수준을 벗어나지 못했다.[11]

반면 신라는 당나라 내 최대 외국인 집단을 형성했다. 바다와 운하 및 강가의 무역기지를 중심으로 일부 내륙까지 뻗은 신라인 디아스포라는 집단 거주지인 신라방과 신라촌, 자치 행정기구인 신라소와 숙소인 신라관, 주민 생활과 문화 활동의 중심인 사찰 신라원과 같은 형태로 중국 각지에 뿌리내렸고, 당나라 내의 여러 지역에 기반을 둔 신라인 조직들은 긴밀한 네트워크를 형성했다.

또한 최치원과 같이 빈공과(외국인을 대상으로 공무원을 선발하는 특채 과거)를 통해 수시로 (수석 합격을 포함한) 관료를 배출해 당에 진출했고, 장보고처럼 군에 복무하여 전공을 세운 사례도 있다. 특히, 장보고가 구축한 청해진의 한중일 3각 무역을 정점으로 당시 신라는 한중 무역은 물론 한중일 3국 중개 무역을 거의 독점하듯 했다.[12]

엔닌의 당나라 사행기는 일본인들이 한중일을 오가거나 중국 내에서 활동할 때 얼마나 신라인들에게 더 의존하였는지를 생생하게 보여준다. 대조적으로 그는 일본의 고위층이었지만 중국에서 일본인을 만나거나 일본인들의 도움을 받은 적이 거의 없었다. 즉, 당시 당나라 내 일본의 활동은 일본인의 입장에서도 미미했기에 무슬림들 역시 이들의 존재나 활동을 기록할 필요성을 느끼기 어려웠을 것이다.

따라서 당시 무슬림들의 주요 정착지였던 양쯔강 이남에서 술라이만을 비롯한 무슬림들은 일본의 존재를 몰랐거나 알았더라도 지면을 할애하지 않았다. 대신 왕성한 접촉을 통해서 그 활약상을 목도하고 이들의 활동을 파악하는 것이 자신들의 활동에 유익한 신라에 관해서만 기록했다는 추정은 합리적이다.

특히, 후술하듯 술라이만의 신라 관련 기록 중 가장 길고 자세한 내용이 신라와 중국 간의 관계라는 점을 보더라도, 중국에서의 활동이 가장 중요한 무슬림 상인들은 그들의 직업적 우선순위에 따라 신라 이외의 발해나 일본 등의 존재에 대해 설령 알았더라도 그에 관한 기록을 건너뛰었을 가능성을 시사한다. 즉, 그들에게 중요치 않은 지역을 생략하는 대신 중국에서의 체류와 무역 활동에 도움을 기대할 수 있는 중요한 대상인 신라만을 기록하는 것이 합리적 선택이다.

와끄와끄는 왜국이 아닌가?

신라가 일본이 아니더라도 이것만으로 무슬림들의 기록 속에 일본이 부재해야 할 충분한 조건이 갖춰진 것은 아니다. 그래서 선술하였듯 다수의 학자들은 '와끄와끄'를 일본이라고 가정했다. 지역별로 학자들의 의견이 일치하지는 않는데, 오늘날 대체로 서양학계는 와끄와끄를 동남아시아에 비정하는[13] 반면, 일본과 한국의 대다수 학자는 일본설을 지지한다. 아랍을 위시한 이슬람 학계의 경우 와끄와끄 자체에 대한 연구보다는 해당 문헌 전체를 번역하는 과정에서 일부가 와끄와끄를 다룬 사례가 있지만, 그 정체에 관해 뚜렷한 의견을 제시한 사례를 발견하지는 못했다.

후술하듯 필자는 이 '와끄와끄'가 초기에는 동남아시아 지역을, 후기에는 동남아시아와 동아프리카 연안의 도서 지역을 주로 지칭하지만, 일부 작품에 따라서 예멘을 비롯한 인도양의 몇몇 도서 지역을 지칭한다는 의견을 제시한 바 있다. 그리고 점차 후대로 가면서 몇몇 서적 속 이 섬에 관한 기술에는 고대 여러 문명의 신화에서 따온 모티브나 이슬람 세계에서 떠돌던 판타지가 스며들기도 했다는 점도 발견했다.

이러한 주장의 근거로는 와끄와끄의 지리적 위치, 자연과 인간 사회에 관한 묘사, 기록 내용의 변화 양상이 있다. 먼저, '와끄와끄'를 수록한 기록 대부분은 무슬림들이 동아시아로 떠나는 노정에서 인도를 떠나 중국에 도착하기 전에 있다고 기술하고 있다. 특히 가장 이른 기록이자 이 해역을 실제로 몸소 다니며 동료 항해자들의 정보를 모았던 술라이만을 위시한 초기 이슬람 기록의 대부분은 와끄와끄가 서아시아에서 중국에 도착하기 전, 즉 항로상 중국보다 동쪽이 아닌 서남쪽에 위치한다고 하였다. 중세기 인도와 중국 사이 항로에 놓인 것은 당연히 동남아시아다.

더구나 기록자들은 무슬림 항해자들이 중국에 도착하기 전에 와끄와끄가 있는 지역을 지나쳐 가면서도 그곳에 정박하지 않는다고 했다. 술라이만의 기록에 따르면 와끄와끄 주민들은 무슬림 상선이 인근을 지나칠 때 크고 작은 배에 용연향과 코코넛 나무를 가지고 와서 철과 천으로 교환해 간다고 기록했다. 보다 후대에는 아예 헤엄쳐서 배로 접근한다는 기록까지 있다. 게다가 와끄와끄는 인도양의 가장 마지막에 위치하긴 하지만 적도 아래나 적도에 위치해 중국 최남단보다 위도가 훨씬 낮은 바다 한가운데 위치한다. 즉 태평양의 도서 지역이다.

두 번째로 문화적인 면에서 대다수의 이슬람 기록, 특히 초기 기록에서 와끄와끄는 미개하고 헐벗은 검은 피부의 주민들의 땅으로 묘사되어 있다. 그중 일부는 아예 이곳 여왕이 나체로 손님을 맞이하고, 땅에는 헐벗은 여성의 모습을 한 열매가 거꾸로 가지에 주렁주렁 매달린 채 "와―끄"라는 괴음을 내는 나무가 있다는 식으로 무척 기괴하게 묘사했다.

그림 1 와끄와끄 나무(Kitāb al-Bulhān(Book of Wonders), 보들리안 도서관)[14]

이러한 인식은 와꾸와꾸와 인접하고 있으며 사회 발달상도 극적인 차이가 없었던 신라를 흰 피부의 주민들로 구성된 문명 왕국으로 인식한 것과 극명한 대조를 이룬다. 와꾸와꾸는 당대 일본의 자연, 인종적 특징, 사회 문화적 형태에 전혀 걸맞지 않음은 물론, 당대 중국의 일본에 관한 인식과도 멀기 때문에, 무슬림들이 일본을 묘사하고자 했다면 와꾸와꾸와 같은 야만의 세계보다는 신라처럼 문명국에 가까운 형태로 그렸을 가능성이 크다.

신라는 왜 섬들로 인식되었을까?

이슬람 기록 속 신라가 고대 한반도의 신라왕국이 맞다면, 과연 무슬림들은 신라에 관해서 얼마나 제대로 알고 있었을까? 우선 현전하는 모든 중세 이슬람 기록 중에서 저자가 직접 신라를 다녀왔다는 사료는 없다.

대표적으로 본인은 물론 그의 동료들까지 확실히 중국을 다녀온 술라이만조차도 그 자신은 물론 동료들 가운데는 신라를 다녀온 이가 없다고 했다. 이 문장을 자세히 뜯어보면 그의 동료 중에는 신라를 간 이가 있지만 아무도 돌아오지 않았다는 해석도 가능하고, 처음부터 아무도 신라를 가지 않았다고 이해할 여지도 있다. 이렇게 중의적이고 모호한 표현은 후대 무슬림 저자들에게 두 가지 해석 중 하나를 자의적으로 선택할 수 있는 여지를 주었다.

직접 다녀온 적은 없지만 술라이만과 그의 동료들은 주로 동아시아를 오가는 해상 무역상들이 잠재적 독자들에게 중국 바다 건너에는 '자자이르jazā'ir, 즉 여러 개의 섬'으로 된 신라가 있는데 그곳에는 피부가 흰 주민들과 하얀 매가 있다는 점, 그리고 중국 천자와 조공을 주고 받는다는 점을 알리고 싶어 했다.

먼저 이 아랍어 단어 '자자이르'의 가장 기본적 용례가 '섬'이라는 단어 '자지라azīra'의 복수이기에 몇몇 일본 학자들은 신라가 한반도가 아니라 일본 열도라고 주장했다. 하지만 '자지라'는 섬 외에도 반도라는 뜻으로, 그 복수인 '자자이르'는 섬들 외에도 큰 섬이나 큰 반도를 지칭할 때도 쓰인다. 쉬운 예로 세계적인 뉴스 채널 '알자지라'의 채널명은 아랍어 정관사 '알al'과 '자지라'를 합친 단어로, 채널 본부가 속한 반도국 카타르를 '그 섬'이 아닌 '그 반도'의 용례로 사용한 경우에 해당한다. 또한 아랍어를 비롯한 여러 언어에서 복수형이 크기가 큰 단수를 지칭하는 용례 역시 흔하다.

또한 지형상 중국의 무슬림들의 입장에서 신라는 섬이거나 섬들의 집합으로 인식할 만하다. 중국에서 신라로 가는 육로는 발해로 막혀 있다. 만약 발해를 가로지르더라도 한반도에 입성하기 위해서는 – 백두산 정상 인근을 제외하면 – 반드시 압록강이나 두만강이라는 (중하류는 바다처럼 폭이 넓은) 큰 강을 건너야 한다. 그래서 당시 신라로 가려는 무슬림은 물론 중국인과 신라인조차 대다수는 육로가 아닌 바다를 건넜다. 특히 양쯔강까지를 주 활동무대로 삼았던 무슬림 무역상에게 신라 땅은 육지가 아닌 바다 건너의 땅이고, 신라가 육지로 중국에 연결되어 있는지는 알기도 어렵고 알 필요도 없었다.

그마저도 중국에서 신라는 항로상 바로 본토에 도달할 수 없었고 그 전에 반드시 수천 개의 섬들이 지천에 깔린 다도해해상국립공원이나 한려해상국립공원 일대를 돌파해야 했다. 즉 그들에게 신라는 큰 섬이자 큰 반도였고 무수히 많은 섬의 집합체였다.

무슬림들은 신라인들의 피부색을 특별히 기록했다. 무슬림들의 항로는 인도와 동남아시아, 중국 남부를 거친 후 양쯔강 인근으로 가면서 신라인들을 만난다. 당시까지 중국의 남부지역부터 인도까지의 주민들 대부분은 상대적으로 짙은 피부색를 지녔고, 신라인들은 그보다 피부톤이 밝았다. 이는 인종차별을 금지한 이슬람의 계율과는 별개로 흰 피부를 선호했던 무슬림들에게 긍정적으로 다가왔다.[15]

또 오늘날까지 매 사냥의 전통을 가장 고집스레 보존하고 있는 이들에게 상서로운 의미를 지닌 흰 매가 신라에 자생한다는 사실은 고급 무역 정보에 해당했다. 그렇기에 이를 무슬림들이 포착했다면 당연히 그에 관한 기록을 빼먹을 리 없다. 물론 한국과 중국의 사서는 한국의 특산물 중 하나로 매를 꼽았고, 심지어 이를 조공이나 무역품으로 활용한 사실을 기록했다.

한중무역은 하나님의 뜻?

가장 이목을 끄는 부분은 중국과의 외교 관계에 관한 기술이다. 무슬림 상인들은 신라인들이 중국 황제와의 조공관계를 극히 중요시하는 점을 눈여겨보았다. 강수량이 극히 적고 끊임없이 이동하며 우물과 오아시스를 찾아 떠도는 유목 생활이 주를 이루는 서아시아의 무슬림들에게 적은 강수량은 일상이다.

이와 달리 중국과 신라를 비롯한 동아시아는 한 군데 정착한 후 그곳에 뿌리박아 농경을 업으로 삼았다. 따라서 이들 사회는 많은 강수량과 관개 시설을 필수로 하는 농경 문화권이다. 즉 가뭄은 생존과 직결된 문제이고, 하늘이 비를 끊으면 정권과 국가의 존망이 위태롭다. 그래서 예로부터 우리는 가뭄마다 임금이 곡기를 끊고 하늘에 제사를 지냈다. 술라이만과 동료들은 한중이 조공 관계를 얼마나 심각하고 신성한 것으로 여겼는지를 "선물 교환을 멈추면 하늘마저 비를 멈춘다"는 상징적인 한 구절로 드러냈다.

더욱이 하늘에 하나님(아랍어로 알라)이 주재한다고 믿는 무슬림에게, 한중 사이의 조공 여부에 하나님이 개입한다는 동아시아의 믿음은 글을 쓰는 무슬림 저자들뿐 아니라 이를 읽는 독자들에게도 특히나 인상적이었을 것이다.

술라이만이 한중 조공 관계의 의미와 실상을 명확하고 정확하게 담아냈다는 점과, 그의 책 어디에도 이 하늘과 땅을 동원해 유사한 수준의 신성한 외교 관계가 있는 타지역을 등장시키지 않는 점은, 술라이만과 동료들이 신라와 중국에 관해 풍부하고 신빙성 있는 정보력을 갖추었다는 점을 보여준다. 동시에 이들이 정보를 편집하는 기준의 일부를 가늠할 수 있는 단서의 편린도 제공하고 있다.

이슬람 제국의 정보 수장, 신라에 온 무슬림들을 주목하다

당대 무슬림들이 도달할 수 있는 가장 먼 곳을 주유하던 술라이만이 활동하던 시기, 오늘날 이라크의 수도 바그다드에서는 신라에 관한 또 하나의 기념비적인 기록, 이븐 쿠르다딥바Ibn Khurdādhbih(820~912)[16]의 『도로들과 왕국들에 관한 책Kitāb al-Masālik wa-al-Mamālik』이 탄생했다.

세계 지식의 허브, 8세기의 실리콘 밸리 바그다드

이슬람 세계의 적통인 압바스 제국(750~1258)의 수도 바그다드는 당시 동로마 제국의 콘스탄티노플, 중국의 장안과 더불어 세계에서 가장 큰 도시였다. 이곳에는 이슬람 세계의 수장인 칼리파가 세운 지식의 전당이자 오늘날까지도 역사 속 국립도서관 및 국책종합연구기관의 대명사로 자리

잡은 '지혜의 집Bayt al-Hikma'이 있었다.

또 바그다드를 위시한 이슬람 세계 곳곳의 거대도시들은 세계 도처에서 책을 입수하고 이를 필사를 통해 복사하고 재판매함으로써 지식을 재생산하고 유통한, 서점 겸 출판소들이 빽빽이 들어차 일종의 민간 종합지식타운을 형성하고 있었다. 이러한 지식들은 사막과 초원을 넘나드는 '카라반隊商'과 그들의 숙소인 '카라반사라이(대상 숙소)'로 대표되는 대륙 간 무역 네트워크를 통해 물자 및 인력과 함께 활발하게 유통되면서 확산했고 발전했다.

이른 시기 제지기술과 유통이 발달했던 점 역시 압바스 제국의 지적 혁신에 크게 기여했다. 인터넷과 같은 전자정보저장장치가 없던 시절, 세계 지식은 대부분 구두나 문서를 통해 유통되었다. 751년 탈라스 전투에서 중국을 상대로 승리한 무슬림들이 거둔 전리품 가운데에는 제지기술자 출신의 포로들이 있었다. 이미 종이라는 혁신적 매체를 알고 있었지만, 아직 제지기술이 부족했던 무슬림들은 이 포로들 덕분에 유럽보다 수 세기를 앞서 제지 공장을 세울 수 있었다.

그 덕택에 압바스 제국은 기존의 양피지, 파피루스, 점토판과 같이 무겁거나 비싸거나 훼손이 쉬운 도구 대신 지식 유통에 최적화된 매체, 종이를 쉽고 빠르게 생산해 정보 교류의 필수적인 물질 기반을 갖추었다. 그리고 뒤이어 제지 공장을 세운 여타 이슬람 국가들 역시 활발하게 저작물을 쏟아내고 이 정보들을 다시 주변국과 공유했다. 한참 뒤 유럽은 이들 무슬림들과 인접한 해안 지역들부터 점차 내륙 깊숙한 곳까지 종이 생산자 대열에 합류해 나갔다.

특히 이슬람의 예언자 무함마드는 적극적으로 학문을 권장했고, 심지어 조금 전까지 자신의 동료들에게 창칼을 휘두르던 전쟁 포로들마저도 열 명의 문맹에게 글을 깨우쳐주면 석방하는 파격적 정책을 시행했다. 학식과 교양을 자랑하는 사조가 생겨나면서 이슬람 세계의 교양인들 사이에는 독서와 책의 휴대가 유행했다. 이러한 세태에 힘입어 서적은 더욱더 활발히 생산, 소비, 유통되며 지식의 선순환 구조를 창출했다.

세계지리의 최고 전문가, 바그다드의 우편국장

8세기 중엽 이후 세 대륙과 두 대양에 걸쳐 드넓은 영토를 차지한 압바스 제국은 행정적인 측면에서 광대한 영역을 관리하기 위해 촘촘하면서도 폭넓은 지리 정보가 필요했다. 제국은 세금의 수취, 국방의 유지와 같이 제국의 운영에 필수적인 지식과 노하우뿐만 아니라 제국 도처에서 발발하는 반역 정보를 관리하기 위해 정보를 수집하고 이를 전달할 신경망인 파발의 개발도 필요했다. 또, 이를 체계적으로 관리하기 위해서는 우선 국내외의 다양한 지리 정보를 정립해야 했다.

게다가 이슬람은 모든 무슬림들에게 하루 다섯 번 자신이 위치한 장소에서 메카 방향을 찾아 정해진 시간에 기도를 드리도록 했는데, 이를 수행하기 위해서 필연적으로 자신의 위치와 메카의 위치를 파악하고 하루 중 시간을 측정할 천문학과 지리학을 적극 발전시켰다. 또 모든 무슬림들에게는 일생에 한 번은 정해진 기간 동안 메카를 순례할 의무가 주어졌다. 따라서 무슬림 지도자들이 성지 순례객들에게 순례를 수행할 수 있도록 지원하고 관리하는 활동은 단순한 행정 서비스 차원을 넘어 하나님께서 위임한 신성한 책무에 해당했다.

자연히 칼리파에게는 여타 문명의 지도자 이상으로 정확하고 풍부한 국내외 지리 정보가 필요했는데, 이를 총괄해 칼리파에게 직보하던 직책이 당시 정보 관리의 수장이었던 우편국장Ṣāhib al-Barīd이었다.

전신이 없던 시절 우편은 봉화, 전서구와 더불어 가장 빠른 통신 매체였다. 이 중 봉화는 단순히 외침의 조짐 여부와 심각 단계만을 표시할 수 있고, 전서구는 중간에 포획될 위험이 있는 등의 한계가 있는 것과는 달리 파발은 빠르면서도 구체적이고 상세한 정보를 인편을 통해 확실하게 전달함으로써 제국의 신경망을 연결하는 통신 체계였다. 고대 중동에서 기원한 파발 체계는 페르시아와 로마를 거쳐 이슬람 세계에 이르면서 정교한 시스템을 갖추며 정착했다.

티그리스강 동편, 오늘날 이란 중동부 인근에 해당하는 지발Jibāl 지역의 우편국장을 거쳐 칼리파의 우편국장을 역임했던 이븐 쿠르다딥바는 압바스 제국의 칼리파에게 제국 내외의 각지에서 벌어지고 있는 소식들을 수합해서 보고하는 우편국장 본연의 업무를 수행했을 뿐 아니라 주요 지역들의 중요한 지리 정보를 종합해 책으로 편찬했다.

칼리파를 위시해 압바스 제국을 움직이는 지도층이 파악해야 할 세계의 주요 국가들, 그리고 이들 사이를 잇는 육해상 교통로와 통신 수단[17]을 종합한 이 역작이 바로 이븐 쿠르다딥바의 『도로들과 왕국들에 관한 책』이다. 동일하거나 유사한 제목의 종합 지리서가 이슬람 세계에서 여럿 발간되었지만, 통칭 이 '도로들과 왕국들Kitāb Al-Masālik Al-Mamālik' 장르에서 가장 수범이 되는 저서가 이븐 쿠르다딥바의 이 책이다.

제목처럼 이 책은 이슬람 이전에 각지에서 발간된 다양한 지리서를 참고해서 그곳에 실린 정보 중 이슬람 세계가 알아야 할 정보들을 선별했다. 이에는 당시 세계에서 가장 활발한 번역사업이 벌어지던 바그다드의 학계·출판계의 활동이 큰 도움이 되었다. 또한 그는 당시 술라이만과 동료들처럼 원거리를 탐험했던 무슬림들이 취득한 기록과 풍문까지 보태어 종합서를 발간했다.[18]

바그다드 궁정은 신라에 관해 얼마나 알고 있었을까?

이러한 현장정보를 바탕으로 그는 신라에 관해서 매우 독특한 새 정보들을 두 차례에 걸쳐 서로 다른 챕터에 각각 남겼다. 먼저 수도 바그다드에서 강으로 바스라항에 이른 후 바다를 통해 동쪽 너머 동아시아까지 진출하는 항로와 그 노정에서 수입하는 물품을 정리한 챕터에 신라는 다음과 같이 등장한다.

> 중국의 마지막인 깐수의 바다 건너에는 산이 많고 왕이 여럿인 신라국이 있다. 신라에는 금이 많으며 신라에 들어간 무슬림들은 신라에 정착한다. 신라의 뒤에 무엇이 있는지는 알려지지 않는다.[19]

그리고 각 지역의 기이한 현상을 간략하게 모아놓은 챕터에서 신라는 한 번 더 등장한다.

> 중국(동아시아)의 끝에 신라 왕국에는 황금이 많다. 이곳에 들어간 무슬림들은 그곳의 쾌적함으로 인해 정착해서는 절대로 떠나지 않는다.[20]

이처럼 이븐 쿠르다딥바는 상인의 눈이 아니라 제국의 관리자 관점에서 신라를 바라보고 정리했다. 직접 가지는 않았지만 거래할 만한 품목으로 흰 매를 주목했던 술라이만과 그의 동료들과는 달리, 관리이자 지리학자였던 이븐 쿠르다딥바는 신라를 가려거든 중국 내 (그들의) 마지막 항구인 깐수에서 바다를 건넌다는 점과 신라에는 산이 많고 왕이 여럿이라는 점을 밝혔다. 또 신라 뒤에는 알려진 세계가 없다는 점과 신라에는 금이 많다는 점도 중요한 지리 정보로 분류했다.

반면, 상인이었던 술라이만에게서 교역품에 관한 정보 외에 주목받지 못했던 와끄와끄는 이븐 쿠르다딥바에 의해 섬 자체에 관한 몇 가지 사항을 알릴 수 있었다. 이븐 쿠르다딥바는 와끄와끄 주민들이 무슬림들에게 팔던 용연향이나 코코넛 외에도 금이 매우 풍부해 개 목줄과 원숭이 머리테로도 사용할 정도라고 언급했고, 금박 튜닉을 수출하며, 최상 품질의 에보니(흑단/자단 등의 열대성 나무, 무겁고 단단하며 빛깔이 우수해 고급 목재로 사용된다)가 자생한다고 언급했다.[21]

이 둘에게는 공통적으로 일본에 관한 정보가 결여되어 있다. 즉, 무슬림들의 교역에 집중했던 술라이만보다 폭넓은 세계지리지식을 담은 이븐 쿠르다딥바마저 일본을 기록하지 않았다. 이를 통해 우리는 당시 일본이 무슬림들에게 무역대상으로서나 대對중국 활동에만 중요하지 않았을 뿐 아니라 세계지리라는 지식의 측면에서도 가치가 작았음을 확인할 수 있다.

신라의 건너편이라는 깐수가 어디인지에 대해서는 150년 이상 여러 후보가 꾸준히 제기되어 왔다. 하필 이 사료의 필사본 중 현전하는 것이 하나뿐인데, 그마저도 단 한 차례만 등장하는 깐수라는 지명이 흐릿하게 기록되어 있어 다수의 학자은 이 필사를 편집 과정에서 깐수라고 옮긴 드 후여Michael Jan de Goeje의 판독마저 확신하지 못하고 있다. 학계는 대체로 당시 중국에서 무슬림들이 주로 정박했던 국제항 중에서 자오저우膠州(당시 중국령이었던 오늘날의 하노이 인근), 광저우廣州, 취앤저우泉州를 제외한 항구들 중 하나라는 주장이 우세하다. 다만 중국 강남지역과 활발히 교류하며 왕을 참칭했던 왕봉규의 근거지인 강주康州(오늘날의 진주)라는 주장도 있다.[22]

가장 우세한 견해는 이븐 쿠르다딥바를 포함한 중세 무슬림 저자 다수가 거론한 중국 내 무슬림들의 4대 항구 중 항로의 가장 마지막에 위치한 칸뚜Khantū, 즉 양쯔강 하류에 자리한 오늘날의 항저우杭州 또는 양저우揚州설이다. 그 근거로, 우선 필사 기록을 살펴볼 때 칸뚜قانطو와 깐수قانصو는 형태가 비슷해서 사소한 오기로도 해독 과정에서 헷갈릴 여지가 있다. 또 발음 면에서도 칸뚜와 깐수Qānṣū는 여타 지역의 이름과 비교해 볼 때 상당히 가깝다. 또 이븐 쿠르다딥바가 다른 지면에서는 중국의 지리를 이야기할 때 늘 칸뚜를 포함한 네 개 항구를 들다가, 유독 이 항목에서만 다른 세 항구를 그대로 둔 채 마지막 항구만 다른 맥락이나 설명 없이 새로운 곳으로 대체하는 것도 어색하다. 결정적으로 항저우항과 양저우항은 무슬림들과 신라인들 모두가 활발하게 이용하던 항구였기에 중국 내에서 만나기 좋은 환경이었고, 또 신라로 향하는 중국의 주요 항구 중에서 가장 많은 무슬림이 거주하는 항구였다.

 당시 당과 신라 사이에는 크게 세 가지 항로, 연안을 따라 우회하는 항로와 동서를 거의 수평으로 횡단하는 항로, 그리고 중국 동남부에서 한반도 방향으로 비스듬하게 이동하는 사단 항로가 있었다. 연안을 따라 이동하는 항로는 항로의 추적이 쉬워 고대 한반도에서 가장 애용했지만, 경로가 멀고 불편하며 정치군사적 상황 등의 변화에 취약했기에 후대로 갈수록 이용 빈도가 떨어졌다. 신라 입장에서는 발해를 지나가야 하는 데다가 신라와 중국 연안에서도 물이 얕고 해안선이 복잡하며 암초와 급류가 연이어 있어 해적의 나포나 좌초 위험도 컸다. 그에 반해 횡단 항로는 중국에서 한반도 방향으로 깊숙이 돌출한 산둥반도에서 한반도로 직항하여 거리가 짧고 항로도 단순해서 후대로 갈수록 이용 빈도가 높아졌다.[23]

 가장 먼 거리를 가시적 부표 없이도 이동해야 하는 사단 항로는 신라 중기 이후에야 개척되었지만, 양쯔강 하구와 그 이남의 항구가 발달하고 신라의 항해술 역시 발전함에 따라 신라 후대로 갈수록 신라 선박들의 왕래가 활발해졌다. 동시에 양쯔강 일대는 무슬림 상인 집단이 발달한 항구 중 가장 북쪽에 위치해 있으면서도, 신라인들이 집중적으로 거류한 지역 중에서는 남쪽에 자리했다. 보다 남쪽 지역인 푸젠성이나 광둥 지역까지도 신라인들이 진출했지만, 빈도로 보나 거리로 볼 때 이들 지역보다는 양쯔강 일대가 신라로 가는 거점이자 신라의 위치의 설명하는 기점으로 설정하는 것이 당시 무슬림들의 입장에서 합리적이다.[24]

양쯔강 하류 건너에 신라가 위치한다는 이븐 쿠르다딥바의 인식은, 후술하듯 그의 사후 500년 이상 대부분의 후대 무슬림들이 비정했던 신라의 위치와 정확히 일치한다.

신라에 황금이 많다는 지식도 실제 사실에 부합한다. 신라는 한국사에서 압도적으로 황금 유물이 많이 출토되었고 세계사적으로도 황금 유물이 많은 국가다. 이웃 중국은 금보다는 은과 옥을 위주로 한 보석 문화가 발달했고, 일본은 황금 산출량의 대부분을 불사(佛寺)에 소비했다.[25] 또, 중국보다 북쪽에 위치한 유목 황금 문화권은 당시 무슬림들의 바다 무역로와는 별개의 유통망으로 분리되어 있기에, 당시 바다를 오간 무슬림들에게 신라의 풍부한 황금은 충분히 기술할 가치가 있었다.[26]

정말로 모든 무슬림들이 신라에 자발적으로, 영구적으로 정착했을까?

가장 논란의 중심에 선 소재는 역시 무슬림들이 신라에 들어가서는 너무나 좋은 환경 때문에 누구도 신라를 떠나지 않았다는 문장이다. 이 대답에 관해서는 여러 가지 해석이 가능하고 또 다수의 학자가 다양한 의견을 제시한 바 있다.

먼저 실제로 신라가 '그냥 좋아서'라는 해석이 있다. 하지만 신라 하대는 여느 왕조가 대부분 그러하듯 전형적인 왕조 말기 현상으로 넘쳤다. 여러 왕이 있다는 이븐 쿠르다딥바의 인식을 반영이라도 하듯 신라의 각 지방에는 스스로 성주, 심지어 왕을 참칭할 정도로 반란과 혼란이 들끓었다.

물론 당대 신라의 태평성대기가 있었다는 사료가 있다.『삼국사기』는 신라 49대 왕인 헌강왕(875~886 재위) 17년에 "민간에서는 기와로 지붕을 덮고 짚으로 잇지 않으며, 숯으로 밥을 짓고 나무를 쓰지 않는다"고 전하고『삼국유사』역시 같은 시기 비슷한 내용의 기록이 있다.[27] 하지만 이 기사 외에 당시 신라가 안정적이고 풍요롭다는 기록은 한국을 포함한 동아시아의 여타 사료에서 발견하기 어렵다.

반면 후술하듯 괴질이나 기근, 가뭄과 내전 등과 같이 영구 정착을 유도하기는커녕 외국인들이 입국조차 꺼릴 소식들이 즐비하다. 상황이 이럴진대 이 멀고 낯선 땅, 이미 중국까지 온 무슬림 항해자들조차 오갈 기회가 희박할 정도로 적은 수의 무슬림들만이 있는, 언어와 인종과 문화가 절대적으로 이질적인 신라를 굳이 찾아가서는 그 모두가 본토의 가족을 포기할 만큼 좋아했을까?

결정적으로 바로 건너 중국만 가도 대규모 무슬림 정착지가 즐비했는데 왜 신라에 와서 평생을 동료와 무슬림 커뮤니티를 그리워하면서까지 정착하려 했을까? 이러한 의문은 이 문장을 다르게 해석하려는 시도로 이어졌다.

학살을 피해 중국에서 피난길에 오른 무슬림들은 모두 동남아시아로 대피했을까?

이에 필자는 몇 차례 황소의 난으로 쫓겨난 이들이 많았고 이들 중 일부가 신라로 망명했기 때문에 이러한 인식이 나왔을 수 있다는 가설을 제기한 바 있다. 다시 이븐 쿠르다딥바의 『도로들과 왕국들에 관한 책』을 들여다 보자. 그는 848년 이 책의 초판을 발간한 이후 사망 전까지 수십 년간 여러 개정판을 발간했다. 그중 오늘날까지 전해지는 필사본은 정확한 연대 추정은 어렵지만 일러도 860년대 후반 또는 그 이후에 제작된 것이다.

이 시기 중국은 당나라 말부터 전국을 휩쓰는 대대적인 반란이 끊이지 않았고, 그중 특히 '양저우 대학살'과 '황소의 난'은 중국인과 무슬림 모두에게 깊은 인상을 남기면서 역사적 대전환을 불러 일으켰다. 이 반란은 무슬림들이 가장 많이 기거하던 양저우와 광저우 등의 국제 항구에서 외국인 대학살을 동반했기에, 무슬림들이 신라로 들어가서 왜 나오려 하지 않았는지를 추정하는 과정에 유용한 결정적 실마리를 제공한다.

먼저 가장 많은 무슬림이 기거하던 광저우는 술라이만처럼 중국을 오가던 무슬림 여행가이자 술라이만의 기록을 직접 실은 알-시라피의 저서 『역사들의 사슬들Silsilat al-Tawārīkh』과 또 다른 여행가이자 역사지리학자인 알-마스우디의 후술할 저서 『황금초원들과 보석광산들Muruj al-Dhahab wa-Ma'adin al-Jawhar』에 상세히 등장한다. 그들의 기록에 따르면 무려 12만에서 20만 명의 외국인들이 이 사건으로 인해 살해당했다. 10만 이상이라는 숫자는 과장이 있을 거라는 의견이 지배적이지만, 이들 대부분이 서아시아인일 것이라는 것은 학계의 공통된 해석이다.

왜냐하면 이 기록들은 살해된 외국인들을 기독교, 무슬림, 유대교도, 조로아스터교로 표현했는데, 당시까지 이 지역에서 이러한 종교를 믿는 신자들의 대부분은 서아시아 출신, 그중에서도 아랍인과 페르시아 무슬림들이 주축을 이루었다. 즉 대다수가 무슬림인 서아시아인들을 대상으로 벌어진 엄청난 규모의 학살은 이전까지 신라를 대하던 무슬림들의 입장과 관점에 중대한 변화의 계기로 작용했을 수 있다.

중국 측 사서史書를 통해서도 입증된 이 중국 내 무슬림 대학살 사건 이후, 한동안 무슬림들은 동남아시아와 동북아시아를 포함한 동아시아 무역의 메인 기지를 중국 내 항구도시에서 동남아시아로 철수시켰다. 그들은 이 사건이 일어나고 한참 후 당과 신라가 멸망하고, 그 자리에 송과 고려가 들어서고 나서야 주교역 거점을 중국 내로 복귀시켰다.

이 황소의 난을 전후한 대혼란기에도 신라는 당과 꾸준히 왕래를 이어가며 안정적인 관계를 유지했다. 이는 당시 신라 측과 외교 관계가 무난치 않았던 일본이 여러 차례에 걸쳐 신라에 사신을 보내 황소의 난의 전황에 관한 정보를 수집하려 했음을 통해서도 확인된다.

즉, 무슬림의 입장에서 신라는 중국 내 내란 이전에는 가장 큰 외국인 커뮤니티이자 중국과 외교 관계가 가장 돈독한 나라였으며, 내란기에 난리를 피해 피신할 수 있는 두 옵션, 즉 동남아시아와 신라라는 피난처 중의 하나였다.

특히 광저우와 같은 중국 서남해안 도시들은 거리상 상대적으로 신라에서 멀리 떨어져 있는 반면 동남아시아에서 가깝다. 반대로 취앤저우부터 양쯔강 유역 사이에 자리한 중국 동부의 항구도시들은 신라에서 더 가깝다. 무슬림들이 지적하였듯 이 일대에는 신라까지 이어지는 항로가 열려 있어, 위급할 때면 이리로 피신하는 것이 가장 가깝고도 안전한 직항로다.

반면 중국 동해안, 특히 양쯔강 인근 도시에서 동남아시아로 피난하기 위해서는, 이미 가장 극심한 위험이 상시 발생 중이던 중국 남부의 항구들에 기항해야만 했다. 이 여로를 거칠 경우 무슬림들은 동남아시아에 도착하기 전에 중국 남부 항구에 발이 묶이거나 심지어 살해당할 위험이 무척 컸다. 따라서 중국 동해안의 무슬림들이 택해야 할 피난처는 동남아시아가 아니라 단연 신라여야 했다.

왜 신라는 다른 지역보다 무슬림들에게 안전했을까? 천연두의 역설

한발 더 나아가, 그러면 "신라는 무엇 때문에 무슬림들을 환영했을까?"라는 질문까지 접근해보자. 단순히 신라 사람들의 타고난 본성이 착해서라는 해석은 설득력이 떨어진다. 대신 당시 신라가 겪었던 상황과 이에 수반한 어려움을 극복하는 과정에 무슬림들이 특정한 역할을 해낼 수 있었다면 이 수수께끼의 실마리는 풀린다. 이 둘을 연결하기 위해서 우선 주목해 볼 상황은 천연두의 종식 그리고 그 역할을 해낸 인물인 〈처용가〉로 유명한 처용이다.

처용의 도래를 앞둔 동아시아, 특히 한반도는 전대미문의 전염병 대유행의 세기를 통과하고 있었다. 7세기 후반부터 동아시아는 당, 고구려, 신라, 백제, 왜라는 5개국이 참전한 사상 초유의 대격전을 수십 년 동안이나 한반도에서 벌였다. 심지어 한번 멸망했던 백제와 고구려는 지속적인 부흥 운동을 벌였고, 한때 동맹이었던 신라와 당나라마저 장기간 전쟁에 돌입해 한반도 전역은 한 세기 이상을 전쟁에 허덕였다.

이 초대형 국제 전쟁은 한동안 동아시아 일대의 전염병을 한반도 전역으로 몰아넣었고, 이 허브를 통해 전염병은 다시 동아시아 각지로 퍼져 창궐했다. 특히 유일한 전쟁터였던 한반도에는 동아시아 각지에서 몰려든 전사들이 동반한 토착병과 전염병에 더해, 전쟁으로 인한 전사자와 사망자의 부패한 시체, 부상자와 유망민 및 고아, 기근으로 병든 병자와 병든 가축, 초토화된 인프라로 오염된 물과 토양 따위로 인해 온갖 전염병이 창궐했다. 7세기 후반부터 9세기 전반기까지 한반도는 문자 그대로 전염병의 왕국이었다. 특히 신라는 당시 평균 5년에 한 번꼴로 천연두가 창궐하면서 두 왕의 사망을 포함해 국가 전체가 역병에 시달렸다.[29]

하지만 바다를 통해 입국한 처용 일행이 헌강왕을 알현하고 왕을 따라 수도 경주에 왔고, 그가 다소 모호한 방법을 동원해 역신을 추방한 893년 이후 신라는 무려 40년 동안이나 전염병에서 해방된다. 반면 신라와 전염병을 주고받던 중국에서는 여전히 전염병이 주기적으로 유행했다. 필자는 이를 고리로 처용이 무슬림 의사였거나, 만약 직업 의료인이 아니더라도 최소 신라의 전염병 퇴치에 기여했을 가능성이 있다는 학설을 제기한 바 있다.[30]

처용은 신라사를 기록한 대표 사서 모두에 등장하는 동시에 한국의 민속과 예술사 전체를 통틀어 가장 큰 족적을 남긴 이방인이다. 〈처용가〉는 신라까지 거슬러 올라가는 한국에서 가장 오랜 전승 문학인 향가 26수 중의 하나이고,[31] 고려가요와 탈춤, 나례연 등의 춤과 노래 형태로 고려와

그림 2 조선 정조대왕의 화성 행차를 기록한 『화성원행의궤도』에 수록된 〈처용무〉(국립중앙박물관)[32]

조선의 궁중³³과 민간에서 공연되었다. 사실 처용무는 한국사를 통틀어 유일하게 신라-고려-조선 세 왕조 전체에 걸쳐 일관되게 전승된 유일한 무용일 뿐 아니라, 민간에서도 부적과 제사 및 공연 형태로 한반도 각지에서 기념되어 온 유일한 문화유산이다. 더구나 현재 울산에 있는 처용 관련 유적지들은 중세부터 여러 기록에 등장하고 있고, 지금도 매년 처용제례의 무대로 사용 중이다.³⁴

역사서에도 처용은 신라에 관한 가장 중요한 사서인 『삼국사기』와 『삼국유사』에 정확히 기록되어 있다. 우선 『삼국사기』에 등장하는 처용은 신라 말기인 879년 음력 3월 바다를 통해 울산에 들어온 이방인 넷이 마침 이 지역을 순방하던 헌강왕을 마주치며 시작한다. 기괴한 용모에 낯선 복

그림 3 대동강 부벽루에서 펼쳐진 평안 감사 향연 속 처용무. 〈전 김홍도 필 평안감사향연도〉(국립중앙박물관)³⁵

장과 두건을 쓴 이들은 왕의 수레 앞에서 춤을 추고 노래를 불러, 당시 사람들이 산과 바다의 정령이라고 불렀다.[36]

보다 후대에 기록된 『삼국유사』는 거의 유사하지만 보다 확장된 이야기를 들려준다. 마찬가지로 헌강왕의 울산 순행 중 구름과 안개가 자욱해 절을 세우고서야 걷혔는데, 이때 동해 용이 일곱 아들과 왕 앞에 나타나 춤을 추고 노래를 했다. 왕은 용왕의 아들 중 하나를 처용이라 부르며 경주로 데려와 큰 벼슬을 내리고 아름다운 아내도 하사했다. 하지만 처용은 밤마다 바깥 행차를 했고, 그러던 어느 밤 역신(전염병의 신)이 그의 아내와 합방하는 것을 목격하고는 이를 한탄하는 노래를 부르고 춤을 추며 물러섰다. 이에 역신이 뉘우치며 앞으로는 처용의 초상화만 봐도 그 집에 들어서지 않을 것을 그에게 맹세했다. 이후 신라인들은 처용 부적 덕에 전염병으로부터 해방되었다.

비록 기록은 후대의 것이지만 처용과 관련된 전승은 처용이 활동하던 당시부터 바로 시작되었다. 신라 말기부터 처용에 관한 부적이 유행하기 시작했고, 그와 관련한 노래와 무용 및 축제 역시 당시부터 지금까지 전승되었다. 그 외양은 사료에 정확히 기록되었고, 왕조별로 형태는 조금씩 바뀌었지만 처용무의 리듬과 춤사위는 그 원형의 복원과 변화하는 과정의 추적마저 가능하다.

글로 묘사한 처용의 용모와 그림 속 처용의 탈의 형태는 누가봐도 동아시아인의 외양과는 정반대이며, 유독 서아시아인들의 신체적 특징과 일치한다. 구체적으로 검붉은 피부색에 긴 얼굴과 긴 턱, 우뚝 솟은 코에 깊고 큰 눈, 무성한 눈썹과 수염은 한국은 물론 동아시아인의 전반적 용모는 물론 그들이 제작한 여타 탈 속의 자신과 이웃 민족들의 형상과는 완전히 딴판이다.[37] 반면 그들의 모습은 고구려의 무덤에서 발굴된 서역인(중앙아시아와 서아시아 일대의 인종적 특성을 공유하는 이들)이나 신라 왕들을 지키는 무인 석상들의 모습과 흡사하다.

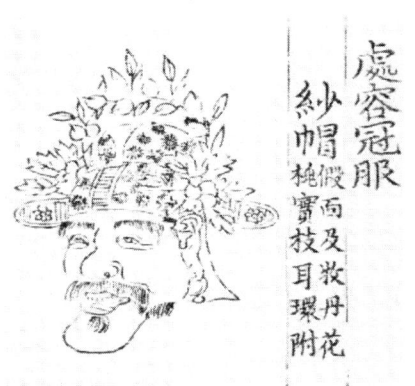

그림 4 『악학궤범』 권9, 처용관복도설處容冠服圖說의 처용탈

그림 5 조선 숙종이 중신들을 위해 베푼 잔치 속 처용무. 〈기해 기사계첩〉(국립중앙박물관)[38]

그림 6 경주의 원성왕(신라 38대 왕, 재위 785~798)의 무덤(일명 괘릉) 전면부의 석인상. 각각 왼쪽은 무인상,[39] 오른쪽은 문인상[40]으로 뚜렷이 대조된다. 이처럼 동아시아계 문인석상과 서아시아계 무인석상이 배치된 무덤 구조는 42대 흥덕왕의 무덤에서도 되풀이된다.

소략한 당시 기록을 모두 동원해 봐도 우리는 처용이 아내에게 베푼 의료적 처치가 정확하게 무엇이었는지를 밝힐 수 없다. 대신 우리는 그가 처음 만난 자리에서 왕에게 파격적으로 고위직에 등용되었고 역사서가 아름답다고 각별하게 기록할 만한 아내까지 하사 받았다는 점과, 그가 아내의 병을 발견하고 물러서면서 그에 관해 한탄하는 노래를 부르고 춤을 춘 것, 그리고 우연이든 다른 이유에서든 아내의 역병이 나았고, 그 이후 신라에서는 장기간 역병이 돌지 않았으며, 그때부터 신라와 고려, 조선의 왕실과 민초들이 그를 역병 박멸과 전염병 예방의 신으로 모셨다는 사실은 확인 가능하다.

먼저 바다 건너에서 도착한 전혀 낯선 외양의 외래인이 신라 왕과 조우한 그 자리에서 바로 엄청난 대우를 받으며 수도까지 동반해 고위직에 등용되기까지를 살펴보자. 처용은 이방인이지만 첫 만남에 왕이 몸소 안전한 체류를 제공하고 물론 고위 관직을 제수하고 가족을 하사해 정착을 유도했다. 당연히 이 객들은 한눈에 봐도 왕이 남다른 능력을 통해 모종의 역할을 기대할 만할 정도로 비범한 면모가 있었을 것이다.

만약 처용 일행이 무슬림들이라면 그들은 중국에서의 핍박과 살해위협을 피해 중국에서 탈출했고, 위험이 상존하는 중국으로 돌아가지 않으려고 필사적으로 노력했을 것이다. 또한, 한번 신라 땅에 도착했는데 다시 죽음을 무릅쓰며 중국의 항구들을 기항하면서까지 미개하다고만 알려졌던 동남아시아로 가기 위해서 신라를 굳이 떠날 이유는 없었을 것이다. 물론 더 멀리 무슬림 동료들이 많고 익숙한 이슬람 세계나 인도로 가는 방법도 없진 않지만, 이를 성사시키려면 중국과 동남아시아를 모두 거쳐야 하는 극한의 난제를 극복해내야 한다.

다시 말해 무슬림들이 신라를 자발적으로 떠나지 않은 이유는 신라가 고향을 다시 찾지 않고 싶을 정도로 만족스러운 환경을 제공했을 수도 있고, 신라 외에는 다른 선택권이 없었을 수도 있다. 만약 처용처럼 파격적인 환대는 못 받았더라도 신라 땅은 최소한 중국보다는 안전의 위협이 적고 생활 문화 여건 또한 당시 무슬림들의 인식 속 낙후된 동남아시아보다는 판이하게 나았다. 또한 처용 일화에서 보듯 신라는 이방인을 무조건 배척하기는커녕 경우에 따라서 높은 수준으로 선별 대우하고 아내를 주어 정착시키는 등의 적극적인 정착 지원책이 있었다. 즉, 그들이 신라를 떠나지 않은 것은 위의 두 이유가 모두 충족되었기 때문이다.

물론 신라 왕이 내방하는 모든 무슬림들에게 파격적 지원을 했을 리는 없다. 당장 처용 이야기에서도 왕에게 발탁되어 관직과 아내를 제수받는 이는 처용 혼자뿐이며 나머지 인원에게 어떤 처분이 내려졌는지는 나타나지 않는다. 즉 신라왕은 처용 일행 중 한 명에게서 특별한 가능성을 보았고 그 역할을 사용하기 위해서 수도까지 불러서 관직을 주었다. 그리고 그 역할은 우연일 수 있지만 왕이 처용에게 맡긴 아름답지만 후일 역병에 걸린 아내를 통해 빛을 발했다.

처용의 도래를 전후로 신라사에 언급된 유일한 역병 환자가 그의 아내이기 때문에 우리는 왕이 일부러 환자를 맡겼을 가능성도 고려해야 한다. 하지만 왕이 처용에게 아내를 맡길 당시에 이미 그녀가 환자였을 가능성은 높지 않다. 스토리상으로는 처용의 아내가 발병한 시점이 그가 아내를 두고 밤마다 외출을 일삼던 어느 날이기 때문이다. 처용은 처음 병을 발견하고는 물러서며 병에 관해 소리쳐 노래 부르고 춤을 춤으로써 이를 주변에 알렸다. 이후 아내는 병이 나았을 뿐 아니라 주변으로 전염되지도 않았다. 무려 40년간이나 이러한 현상이 지속되자 처용은 이후 천 년 이상 한반도 전염병 퇴치의 신이 되었다.

지금까지 살펴본 정황, 즉 바다에 등장한 처용 일행의 행색과 왕이 직접 그들의 행위를 대면한 이유, 그리고 왕이 처용을 발탁한 이유와 후일 처용이 신라에 기여한 역할, 그리고 처용의 처치 이후 변화된 신라의 역사를 종합해보면, 처용은 의학적으로 신라에 기여를 했고 이를 신라 왕이 미리 예측해서 발탁했을 가능성이 없지 않다. 즉 처용은 왕에게 의학적 기술이나 관리능력을 기대할 거리를 갖췄고, 그로 인해 일행 중에서 홀로 발탁되어 왕과 동행했다.

이러한 역할을 실제 처용이 했다면, 그는 국내에 있던 어떤 인물보다는 외부에서 의학적 지식을 가지고 입국한 외국인, 그중에서도 특히 무슬림이었을 가능성이 가장 높다. 왜냐하면 당시 이슬람 문명은 당대 세계 최고 수준의 의학과 전염병 관리 체계를 보유했고 이것이 처용을 통해 신라의 역병 근절에 과학적인 이바지를 했을 가능성이 있기 때문이다.

처용 일행이 신라에 정박할 당시 이슬람 세계는 소위 '황금시대Golden Age'로 의학을 비롯한 과학 분야에서 세계 최고 수준을 구가하고 있었다. 특히 전염병, 그중에서도 천연두의 발견과 처치에 관해서는 이슬람 세계가 독보적으로 앞섰다.

처용의 한반도 도래보다 살짝 이후에 활동한 페르시아의 의사이자 철학자, 화학자였던 알-라지Rhazes(865~925)는 세계 최초로 천연두와 홍역의 정체를 밝혀냈고, 이를 포함한 전염병들을 과학적으로 치료하고 격리와 소독 등의 처치를 통해 전염을 통제하는 방법을 정리한 『천연두와 홍역에 관한 책Al-Judari wa-al-Hasbah』을 펴냈다. 이 책을 비롯한 다수의 의학서를 집필하면서 그는 천연두에 걸렸던 환자는 재감염되지 않는다는 면역의 개념을 세계 최초로 제시했다.[41]

또한 바그다드에 병원을 세울 때 고기를 사방에 걸어 두고 가장 늦게 상하는 장소에 병원을 지었고, 알코올 증류법과 외과 수술을 획기적으로 개선시키는 등 환자의 감염과 전염을 막는 다양한 방법을 도입했다. 그의 의학서는 훗날 유럽의 여러 언어로 번역되어 대학교재로 사용되었으므로, 그는 '의학의 왕자' 또는 '의학의 스승'으로도 불렸다.

물론 시간상 처용 일행이 알-라지의 서적을 입수할 수는 없었기 때문에 그가 알-라지의 치료술을 전적으로 활용했을 가능성은 없다. 하지만, 당시 알-라지의 의학을 완성시킬 정도로 일반 의학은 물론 전염병에 대한 연구와 환자 관리에서 가장 앞서 있던 무슬림들은 분명 신라와 중국을 비롯한 동아시아에서는 도달한 적 없는 의학지식을 발전시켰다. 이곳으로부터 가장 멀지만 기대 이익 또한 큰 동아시아로 엄청난 투자와 수년의 시간이 소요되는 항해를 떠난 무슬림 해상 상단에는 항해에 필요한 다양한 전문가들이 승선했다. 이들 가운데는 선상에서 발생 가능한 여러 의료 상황을 처리할 인력 역시 필요했다.

당시 신라의 가장 난제는 천연두였고, 이를 기존 인력과 동아시아 전통 의학을 통해 해결할 수 없었던 왕실은 이제 외부의 지식과 전문가에 기대를 걸어볼 도리밖에 없었다. 때마침 서방에서 몰려온 대규모 무역집단 처용 일행을 만난 왕실은 그들이 이를 해결할 가능성도 타진해봐야 했다. 이미 신라와 중국의 소식통에 따르면 그들의 고향 이슬람 세계에는 나름의 고유한 의학지식과 관리체계가 있었다.

중국에서의 터전을 잃고 목숨마저 위협받는 처용 일행 역시 왕에게 춤을 추고 노래를 부르면서까지 어떤 역할이라도 맡아야 하는 처지였다. 대표로 처용이 왕실에까지 불려갔는데 왕이 맡긴 아내에게서 역병이 터졌고 처용은 최선을 다해 이를 물리쳤다. 놀랍게도 아내는 완치되었고 가장 두려운 전염은 없었다. 그뿐 아니라 신라는 옆의 중국에서 돌림병이 수시로 창궐하는 40년 동안이나 나라 전체에서 역병이 사멸했다. 이 기간은 신라 하대에서 가장 오랫동안 돌림병이 없었던 시기였다.

처용의 시술이나 의식이 통했는지를 과학적으로 확증할 사료는 충분치 않다. 하지만 적어도 왕부터 민중까지 신라인들은 그렇게 믿었고 이는 천 년 이상 민간과 왕실의 전례 및 역사적 기록으로 면면이 이어져 왔다. 이때 파격적인 환영과 대접을 받은 처용이 신라에서 기여한 역할로 알려진 것은 전염병의 퇴치가 전부이다.

천연두는 환자의 일부가 자연치유되는 전염병 중의 하나다. 따라서 처용의 아내가 자연치유 되었을 수도 있고, 실제로 처용이 오늘날의 의료처

치처럼 정밀한 임상 처지를 통해 천연두 균을 박멸했을 가능성은 낮다. 하지만 전염병 관리 차원에서 그는 한밤중에 귀가해서는 아내의 병증을 이내 확인하고는 즉시 물러서서 널리 그 병증을 알려 격리 조치했다. 중간 과정을 알 순 없지만 처용의 아내에게 발병했던 천연두는 사그라들었고 그의 주변으로도 전염되지 않았기에 적어도 전염병을 조기에 성공적으로 통제했다.

처용의 도래에 즈음하여 한중일 무역이 줄어들었지만, 중국은 내란과 진압의 혼란 속에서 끝없이 대규모 이주가 지속되었고 천연두는 옮겨 다니며 기승을 부렸다. 일본은 중국과의 왕래가 거의 끊기다시피 하면서 중국에서 천연두 유입이 한층 줄어들었다. 반면 신라는 중국과의 왕래를 하면서도 국내에서의 발병 횟수가 잦아들었다. 신라부터 조선까지 조상들은 이것이 처용의 덕이자 능력이며 그 효과가 부적을 타고 세대를 건너 지속되고 있다고 믿었다.

처용의 부적 대신 백신을 사용하는 오늘날 우리는 처용이 정확한 의학적 지식과 처치를 통해 병균을 제거했을 가능성에 회의적이다. 다만, 그에게는 적절한 행운이 있었고 나름의 방역조치가 유효했을 가능성을 더 높게 본다. 그러나 역사적으로 증명된 신라의 급작스런 전염병 소멸을 단순히 우연으로 치부하기에는 처용 일화가 심상치 않다. 만약 처용이 일부 학자들의 가정처럼 국내에 있던 무당이나 화랑, 도사, 또는 비현실의 존재였다면 그들이 천연두 근절에 연루되었을 가능성은 전무하다.

반면 세계 최고의 의료 선진국, 그것도 최초로 천연두에 관한 전문서적을 발간한 곳에서 그 저서의 발간 직전에 출항할 당시 최신의 전염병 관리 조치에 관해 당시 신라보다 훨씬 앞선 의료 지식과 임상 능력과 관리 기술을 갖춘 전문가들이 승선했을 수 있는 무슬림 항해 집단에서 한반도로 탈출한 이들 중 훗날 처용이라 불리는 이가 있었다면 처용에 관한 사료 속 기록과 민속 전승들 모두는 단순한 전설과 일화가 아니라 인과관계의 논리적 정합성을 갖춘 역사가 된다.

이미 장보고 집단을 위시한 한중 교역자들에게서 무슬림들의 우수한 과학 기술에 관해 알고 있었을 신라인들은, 바다에 나타난 망명 무슬림들 중에서 전염병을 해결해 줄 인재가 있을지를 타진했을 것이다. 또 전염병학의 최선진국 이슬람 세계에서 수집한 의료 지식에 보태 인도와 중국이라는 의학 대국들을 거쳐가면서 의료 정보를 습득하고 임상 경험도 갖춘 무슬림들 역시 돌아갈 길이 끊긴 바다에 나가서는 최선을 다해 새 터전에 정착하려 했을 것이다.

신라 앞바다에 정박해서 왕을 마주한 순간 그들은 죽음의 땅 중국으로 돌아가느니 나름의 의술을 펼쳐 이를 해결해 보겠노라고 왕에게 장담해야만 했다. 왕에게 벼슬과 아내까지 받은 이 무슬림은 결국 아내의 발병을 보고 자신과 주변 사람들을 격리시켰고 어쨌든 아내는 치유되었다.

그뿐 아니라 아내의 천연두는 완전히 굴복해서 처용에게 약속했듯 다시는 나타나지 않았다. 그때까지 한번 발병하면 전국을 휩쓸고서야 멈췄던 천연두는 그의 조치 이후 사그라들었고, 근 반세기 동안 다시는 발병하지 않았다. 염병의 고리를 끊은 그는 신라와 고려와 조선에서 전염병 퇴치의 신이 되었고, 이 땅의 왕들은 그를 위한 제사를, 그가 상륙한 지역민들은 그를 위한 축제를, 그가 사는 나라의 민초들은 부적을, 그리고 그에 관한 노래를 부르며 천 년이 넘는 세월 동안 그를 기리고 모셨다.

무슬림들은 신라와 어떤 물품을 주고 받았을까?

조선이 망국에서 식민지에 이를 때까지의 과정에서 가장 큰 패착으로 지목된 원흉이 늦은 개방과 쇄국정책이었다는 역사적 인식이 뿌리 깊어서인지, 북한과 바다로 둘러싸인 데다가 중국과 일본으로 한 번 더 갇힌 사실상의 협소한 섬이라는 지리적 한계 때문인지, 가진 것 하나 없어 해외 시장에 진출해 수출만이 살 유일한 길이었다는 현대사 때문인지, 우리는 고중세사를 대할 때 유독 머나먼 과거 우리가 얼마나 멀리까지 진출한 적이 있고 조금이라도 동아시아 너머 세계와 교류한 사례가 있는지를 수배하는 것에 집착한다.

물론 한국이 중국 너머 세계와 교류하고 진출한 역사는 매우 중요한 연구 과제이고 실제 역사에서도 적지 않은 사례가 있다. 하지만 사례 발굴 실적 쌓기 위주의 풍토는, 특히 고중세기 우리 교류의 실질적 한계의 끄트머리인 아랍–이슬람 세계와 한국과의 교류에 관해서는 사실보다는 희망을 근거로 한 억측과 과장이 난무했다. 이 오류의 주된 이유 중에는 연구자 대부분에게 원사료의 언어(아랍어, 페르시아어 등)에 대한 접근에 한계가 있고 원전 내용의 해석에 관해 다양한 논의를 나눌 만한 인력풀 자체가 협소한 것이 있다고 본다.

대표적인 사례가 이븐 쿠르다딥바가 제시한 "중국의 바다 동쪽으로부터 오는 11가지 물품"이 모두 신라의 수출품이라는 의견과 이를 무비판적으로 받아들이는 일부 사학자들의 확대재생산일 것이다. 이 부분의 원문은 상기 신라에 관한 두 단락 중 첫 번째, 즉 무슬림들의 항로 가장 마지막 부분인 신라에 관한 내용이 끝난 직후에 뒤따라 온다.

해당 목록에 나열된 상품들이 모두 신라에서 수입한 것인지 여부를 판별하려면 세 가지 사항을 확인해야 한다. 먼저 문헌 내의 물품들이 무엇인지를 확인하고, 이 리스트가 속한 문단을 저서 전체와 연결되는 구성을 확인해 어떤 맥락에서 삽입되었는지를 파악한 다음, 저자의 편찬 목적과 내용을 문헌 속 동아시아의 수출품목과 수출항 및 원산지와 비교해가면서 점검하는 작업이 필요하다.

먼저 제품의 종류는 다음과 같다.

> 중국에서 동쪽에 있는 이 바다에서는 비단, 검, 우황, 사향, 알로에, 마구馬具, 담비 가죽, 도기陶器, 범포帆布, 계피, 겹작약이 온다.[42]

다음으로 이 물품들에 관한 단락이 어떤 순서와 맥락에 따라 제시되는지를 살펴보자. 이 단락 바로 앞에는 바그다드에서 바다로 나가는 수로의 종점인 바스라에서 시작해 페르시아만을 거쳐 인도양으로 나아간 다음 동쪽으로 중국까지 가는 항로와 신라를 마지막으로 주요 항에 대한 서술을 마치는 내용이 자리한다. 곧 이어 이슬람 세계가 바깥 세상으로부터 조달하는 물품의 목록은 먼저 항로를 소개하던 순서와는 반대로 가장 먼 동쪽 지역으로부터 출발한다.

그래서 중국의 동쪽 바다, 즉 신라를 포함한 지역에서 들여오는 위의 물건들이 가장 먼저 등장하고 곧이어 와끄와끄에서 받아오는 금과 흑단을, 계속 서쪽으로 이동하면서 점차 동남아시아와 남인도 각지에서 수입하는 물품들을 나열한다. 그 뒤에는 인도양의 양 끝이 홍해와 와끄와끄라고 정의하며 그 거리가 4,500 파르사크(약 27,000km)라고 알려준다. 마지막으로 무슬림들의 인도양 항로에서 가장 남쪽이자 마지막에 자리한 예멘에서 오는 물품들을 제시하면서 동쪽 해로에 관한 전체 장을 닫고, 그 뒤로는 서쪽 항로에 관한 장을 시작한다.

이 물품의 성격에 관한 기존의 학술적 입장은 크게 둘로 나뉜다. 다수의 한국 학자들은 이 물품들을 신라에서 아랍으로 수출한 물품으로 보았지만, 대다수의 외국 학자들과 일부 한국 연구자들은 이 모두가 신라의 것은 아닐 수 있다고 보거나 따로 해석을 제시하지 않았다.

이 목록을 신라의 수출품으로 보는 견해 중 가장 많이 인용되고 있는 연구는 정수일의 것으로, 두 가지를 근거로 제시했다.[43] 그 첫째는 이 목록이 중국의 바다 동쪽에서 왔다는 것이다. 이 책에서 중국보다 동쪽에 있는 지역은 신라와 와*끄*와*끄*뿐이다. 그런데 와*끄*와*끄*의 수출품이 따로 나왔기 때문에 자연히 중국보다 동쪽에서 오는 물건들은 모두 신라에서 온 것이라는 논리다.

둘째는 이 물건들이 모두 무슬림들이 실제로 신라에서 구매해 갈 만한 물건이라는 점을 논증했다. 우선 그는 기존에 이를 열 가지 수출품으로 해석한 이용범과 헨리 율&코르디에, 리히트 호펜의 연구를 비판(깐수 227~236)하고, 원서에 11개였던 물품 수가 10개로 줄어든 점과 원문에 없는 인삼과 고량강이 추가된 점에 의문을 표했다. 그리고는 본인의 해석을 통해 수정한 11개의 물건 하나하나가 신라에서 자생 또는 생산되거나 해외에서 조달할 수 있는 것들임을 입증했다. 그리고 이것이 신라에서 무슬림들에게 수출될 때 어떤 경쟁력을 가질 수 있는지를 풍부한 역사적 문헌과 고고학적 증거들을 통해 입증했다. 이 목록에 한정해 두 주장을 해석한다면 그 모든 물품이 신라에서 무슬림들이 조달했을 가능성도 고려해 볼 법하다.

그보다 앞서 원문에 대한 번역문을 가지고 해당 문구를 연구한 이용범(1969) 등의 학자들 역시 이 물품들이 모두 신라에서 무슬림들이 조달한 것이라는 의견을 피력했고, 이러한 견해는 지금까지 다수의 국내 사학자들이 수용하고 있다.

하지만 글 전체를 놓고 그들의 견해를 그대로 수용하기에는 두 가지 면에서 결정적인 무리가 따른다. 먼저, 이 책에는 중국의 동쪽 바다에서 오는 물품에 관한 목록은 있지만 중국에서 수입하는 물품이 없다. 책의 제목에서 보듯 이 책은 내용의 절반 가까이가 중국에 관한 이야기인데 정작 중국에서의 수입품이 없다. 반대로 나머지 절반인 인도의 수출품은 위에서 보듯 항구별로 그 목록이 정리되어 있다.

반면 신라에 관한 기록은 3줄 남짓한 내용이 두 번에 걸쳐, 그것도 상당 부분이 겹쳐 있어 전체 내용은 매우 소략하다. 따라서 이 11가지 물품이 모두 신라에서 조달된 반면 중국에서 들인 물건이 전혀 없다고 간주하는 것은 합리적이라 보기 어렵다. 즉, 이 목록을 모두 신라의 것으로 보는 견해는 책 전체의 구성을 검토했다기보다는 딱 이 한 문장과 신라에 관한 서술만을 기준으로 한 해석으로 여겨진다.

이러한 한–중 수출품의 양적 균형뿐 아니라 개별 물품의 특성적 측면에서도 이들 모두를 무슬림들이 신라에서 구매했을 가능성은 희박하다. 우선 알로에나 계피와 같은 몇몇 물품들은 신라에서 자생하지 않아 신라도 중국에서 수입해야 조달할 수 있는 값비싼 희귀품이다. 특히 동남아시아에서 자생하는 물품들은 반대로 무슬림들이 중국까지 실어와 수출한 제품을 신라가 다시 사들여온 것으로, 이를 무슬림들이 굳이 신라에서 수입했을 가능성은 사실상 없다. 동남아시아에서 직구입할 때보다 가격도 훨씬 비쌀뿐더러, 신라에서 수입하고 나서도 다시 수개월에서 일 년 이상이 걸려 중국과 동남아시아, 남아시아를 거쳐 본국으로 다시 가져가야 하기 때문에 무슬림들이 이를 신라에서 조달한다는 가정은 사실상 비현실적이다.

또한 일부 품목은 신라가 자체 생산하고 그 일부를 중국으로 수출하기도 했지만, 그 경우 이 물건들은 신라에서 구입하는 것보다 중국에서 조달하는 것이 합리적이었다. 굳이 신라에서 매우 힘들게 더 비싼 값을 치르고 이를 구매해 장기간 보관한 후 중국으로 가져가는 과정에서 추가로 발생하는 비용과 변질의 위험까지 감수할 이유가 없는 것이다. 차라리 보다 값싸고 흔한 습득이 가능할 뿐 아니라 보관과 운반에 안전한 중국에서 수입하는 것이 빠르다.

다만, 이 모든 제품들을 무슬림들이 중국에서 조달했다는 뜻은 아니다. 원문처럼 이 제품들은 모두 중국의 동쪽 바다에서 조달했으며, 당시 중국의 동쪽에 있던 신라와 발해, 왜 등은 중국의 항구에 직간접적으로 물품을 수출했다. 이 중에는 담비와 같은 발해 토산품뿐만 아니라 비단과 같이 신라가 경쟁력을 갖춘 제품 등도 있다.[44] 이들은 대부분 중국에서 중국 제품과 함께 무슬림 상인들에게 거래되고 있었다.

따라서 이 물품은 원문의 문자 그대로 받아들여 중국의 동쪽 바다, 즉 당시의 중국 바다인 동아시아 해역에서 오는 것으로 이해하는 것이 더욱 정확할 것이다. 그중에는 중국의 것과 신라의 것, 또 일본이나 발해 물품 등이 있고, 대다수는 중국의 항구를 통해 수입하되, 일부는 물건의 특성과 일시적 상황에 따라 신라 등지에서 직접 구했을 가능성도 있다.

반복되는 레퍼토리에 즐거운 상상을 추가하다

술라이만과 이븐 쿠르다딥바의 정보는 이후 신라에 관해 기록한 거의 모든 이슬람 사료 속에서 축약되거나 확장되면서 되풀이되었다. 먼저 9세기 후반 압바스조의 페르시아 여행가이자 지리학자인 이븐 루스타(903년 이후 사망)를 들 수 있다. 페르시아와 아라비아반도, 러시아 서부 일대를 탐험하며 마자르족과 불가르족, 슬라브족과 카작족 등 비무슬림들에 관한 다양한 목격담과 전문을 기술한 그는 신라에 관해 이븐 쿠르다딥바보다 살짝 더 짧지만 거의 유사한 내용을 담은 기술을 남겼다.[45]

이븐 루스타가 이븐 쿠르다딥바와 비슷한 시기 신라에 관해 거의 흡사한 지식을 필사한 것으로 미루어 볼 때, 이븐 쿠르다딥바의 신라에 관한 관념들은 당시 무슬림 사회 또는 저자들 사이에서 공유되었다고 볼 수 있다.

이 둘이 사망하고 한 세대 내에 신라는 고려에 의해 대체되었다. 이윽고 동남아시아로 피난을 떠났다가 중국으로 돌아온 무슬림들에게 신라는 이미 없어진 나라가 된 것이다. 자연히 신라로 들어갔던 무슬림들이 돌아온 사례도 없었고, 선조들이 신라에 관해 남겼던 단편적인 사실들만 남았을 뿐이다.

즉 "황금이 많고 살기 좋아 무슬림 중 누구도 떠나지 않았다"는 문장은 후대 무슬림들에게 신라에 대한 호감과 상상력을 자극했지만, 후대인들이 직접 이곳의 실체를 확인해 기록된 정보와 비교해보려 해도 대상 자체가 사라져 버린 것이다. 결국 남은 이들은 신라에 대해 그저 글이나 풍문을 통해 배우며, 단 한 명의 무슬림조차 돌아오려 하지 않았다는 머나먼 미지의 땅, 무슬림들의 천국인 신라를 상상으로 재구성해 볼 수밖에 없었다.

새로운 정보를 취득할 수 없던 후대 저자들의 대부분은 이븐 쿠르다딥바의 정보를 축약했지만, 일부 저자들은 나름의 상상과 신라 인근으로의 여행 과정에서 수집한 소문과 정보를 토대로 신라의 장점이 무엇인지 구체적 예시를 추가해가며 나열하는 방법을 통해 설득력을 높이고자 했다.

덕분에 원저자들에게서 많은 황금 외에 딱히 구체적인 장점이 알려진 것이 없던 신라의 환경은 점차 후대 저자들이 덧붙인 청량한 공기, 맑은 물, 향기로운 토양처럼 새로운 장점을 확보해나갔다. 세대를 거듭하여 창작된 문학성이 가미된 저작들에 의해 수백 년 후 신라에 대한 묘사는 땅에 물을 뿌리면 용연향이 난다거나 지붕과 식기, 심지어 개의 목줄이나 원숭이의 머리테까지 금을 사용할 정도로 비현실적인 수준까지 발전하였고, 급기야 현실과 비현실 사이의 공간으로 변질되고 말았다.[46]

한편, 대부분의 후속 정보들이 기존 이야기를 윤색하는 정도에서 크게 벗어나지 못하는 가운데서도 매우 획기적인 발상의 전환으로 눈길을 사로잡는 무슬림 작가들이 속속 등장했다. 그리고 이러한 변화는 장기적으로 개별 작가의 일탈 수준을 넘어 지역과 시대별로 하나의 공통된 경향을 형성하며 집단적인 방향성을 띠기도 했다. 그 가장 대표적인 사례는 신라의 역사, 그것도 (이슬람) 성서학적biblical 역사 만들기 프로젝트이다.

제 2 장

무슬림들이 만들어 준 신라의 역사, 모세부터 신라의 왕까지

제 2 장

무슬림들이 만들어 준 신라의 역사, 모세부터 신라의 왕까지

중세시대 세계 역사지리학의 태두로 평가받는 10세기 초의 아랍학자 알-마스우디al-Mas'ūdī(약 896~956)는 신라의 역사에 관해 이슬람 세계뿐 아니라 전 세계를 통틀어서도 독보적인 수준의 독창적인 이론을 제시했다. 아랍어와 페르시아를 비롯한 이슬람 세계의 지리서뿐 아니라 다양한 언어로 기록된 외래 문명의 세계지리서들도 폭넓게 섭렵했던 그는, 책장 밖을 나와 직접 지중해에서 인도양까지의 다양한 지역들을 30년가량 주유하면서 현지에서 직접 보고 들은 정보를 수집했다.[1]

특히 그는 알-시라피Al-Sīrāfī를 두 차례나 만나는 등 적극적으로 각지에 퍼져 있는 무슬림 현지 전문가들로부터의 지식도 채록했다. 알-시라피는 전술했듯 술라이만의 『중국과 인도에 관한 소식』을 자신이 저술한 『역사들의 사슬들』의 전반부에 수록한 저자이자 스스로 동방을 탐험하며 '황소의 난' 와중에 발생한 '광저우의 외국인 대학살 사건' 등을 기록했다.

하여 신라에 관한 당대 대부분의 이슬람 기록이 이븐 쿠르다딥바의 정보 일부 내용을 축약한 수준을 크게 벗어나지 못했을 뿐 아니라 술라이만의 정보를 접한 흔적을 발견할 수 없는 것과 대조적으로, 알–마스우디는 술라이만과 이븐 쿠르다딥바의 정보 모두를 담았을 뿐 아니라 그들의 의견을 보완하고 한층 더 나아가 완전히 진화된 고유의 견해도 제시했다.

대부분이 망실된 그의 저서들 중 최고의 역작 반열에 오른 것으로 평가받는 두 편의 저서 『황금초원들과 보석광산들』과 『경고와 감독에 관한 책 Kitāb al-Tanbīh wa-al-Ishrāf』은 모두 신라에 관해 독특한 독자적 견해를 담고 있다.

먼저 『황금초원들과 보석광산들』은 무려 세 차례에 걸쳐 신라에 관해 다음과 같이 기술했다.

> 중국에서 바다 너머 뒤는 신라왕국과 그 부속 도서들을 제외하고는 알려진 땅이 없다. 이라크나 다른 곳에서 온 외부인들이 신라에 들어가면 그 맑은 공기와 좋은 물, 땅과 풍성한 친절함, 그리고 보석들로 인해 거의 떠나지 않았다. 이곳의 주민들은 중국의 왕과 서로 교환한다. 이 둘 사이의 교환은 그치지 않는다. 말하길 "그들(신라)은 아므르Amur(성경의 이름은 Gomer)의 아들의 후손들이며, 우리가 중국인들과 그 땅에 관해 이야기하였듯이, 그 땅에 정주했다.[2]

> 그 바다(인도양)는 중국과 신라에 달하고, 투르크 땅을 에워싸고, 서로는 몇 개의 만으로부터 서쪽 대양(대서양과 태평양을 합친 대양)에 이른다.[3]

> 오만인들과 시라프인들의 배들이 '인도양 서안Baḥr al-Zanj'의 목적지 중에서 가장 밑부분(끄트머리)은 수팔라Sufāla(모잠비크의 역사적 항구도시 소팔라)이다. 이는 마치 중국해의 가장 먼 곳이 신라와 연결된 것과 같다.[4]

여기서 보듯 알-마스우디는 술라이만이 언급한 신라와 중국 사이의 특별한 조공 관계와 더불어 이븐 쿠르다딥바가 소개한 신라 입국 무슬림 전원의 영구 정착설을 함께 제시했다. 그리고 여타 작가들처럼 신라의 구체적인 장점을 나열하되 물, 공기, 토양이라는 자연적 깨끗함과 풍성함을 보강하고, 풍부한 황금을 보다 포괄적인 개념인 풍부한 보석으로 확장했으며, 사람들의 친절함을 추가함으로써 무슬림들이 떠나지 않는 이유를 충분할 정도로 상세하게 만들어 제시했다.

하지만 술라이만의 신라-중국 관계에서 다소 신화적인 하늘의 강우 개입이라든지, 일부 작가가 주장하듯 용연향이 나는 땅이나 황금으로 된 원숭이의 머리테 따위의 합리성이 떨어지는 부분들은 모두 제외하고 상식적인 수준에서 납득 가능한 부분만을 남김으로써 사실성을 보강했다. 이로써 그의 서술은 문학적 서사보다는 사실적 정보를 주려는 인상을 풍긴다.

이러한 특징은 신라의 지리가 단순히 중국에서 바다 건너 유일한 땅일 뿐 아니라 세계를 둘러싼 대양(암흑의 대양, 즉 오늘날의 태평양과 대서양)의 마지막이 중국과 신라와 투르크 땅이며, 이 바다의 반대편은 유럽과 아프리카로 통한다는 것을 정확히 기술한 점 등을 통해서도 명백히 드러난다.

또한, 그는 무슬림들의 경험을 토대로 자신들이 파악해낸 인도양의 남북부와 미지의 대양(태평양과 대서양)의 경계를 명확히 지었는데, 그 기준으로 신라를 제시했다. 알-마스우디는 인도양이 서쪽으로는 흑인의 바다라는 이름으로 불리며 아프리카 대륙을 따라 뻗어 아프리카 대륙 남동해안에 위치한 소팔라에서 끝나고, 동쪽으로는 중국해로 불리며 중국 건너의 신라에서 끝난다고 서술했다.

성경과 꾸란을 바탕으로 보는 이슬람의 역사관과 세계관

이렇듯 『황금초원들과 보석광산들』은 지리서이다. 하지만 동시에 이 책은 세계사 저서이자 성서 역사학 저서이기도 하다. 중동에서 태동한 유일신 계통의 종교로서 유대교와 기독교, 이슬람은 역사관, 특히 창세부터 모세까지의 고대 역사에 관한 관념의 상당 부분을 대체로 공유한다. 그리고 이들은 거의 동일한 인류의 계보를 가지고 나름의 신학적 관점과 당대까지의 지식을 결합해 신학 역사학을 저술했다.

우선 이슬람은 유대교, 기독교와 마찬가지로 하나님이 최초의 인간인 아담과 이브를 창조했다고 믿으며 노아와 모세, 아브라함과 두 아들, 모세와 아론과 예수에 이르기까지 유대교와 기독교가 성경을 통해 제시한 역사적 인물과 사건의 대부분을 기록해 공유한다.

물론 유대교와 기독교가 예수에 관한 관점을 비롯한 여러 부분에서 불일치하듯, 이슬람 역시 유대교 및 기독교와 간혹 일부 해석상의 차이를 동반하지만, 세 종교의 성서는 전체적인 서사와 주요 인물을 공유한다. 가령 아브라함이 하나님께 아들 중 하나를 바치려 했던 행위는 세 종교가 공히 일치하지만 둘 중 누구를 바치려 했는지를 두고 유대교와 기독교는 동생 이삭을, 이슬람은 형 이스마엘을 바치려 했다는 식으로 해석이 엇갈린다.[5]

다만, 신라의 형성기보다 훨씬 이른 시대에 형성된 종교인 유대교와 기독교[6]의 성서는 신라를 역사 속에서 다루지 않았고, 알-마스우디보다 앞선 무슬림 역사학자들 역시 종교사에 신라를 포함한 사례가 발견된 예는 아직 없다. 더욱이 비이슬람권까지 분석을 넓혀 보아도 이웃 일본과 중국조차 신라를 포함한 한국의 창세신화를 다룬 이는 없다.

하지만, 알-마스우디는 독보적으로 달랐다. 걸출한 지리학자이자 역사학자였던 그는 당시 유행하던 사조에 맞춰, 과거 학자들이 소위 안락의자에 앉아arm-chaired 기록된 정보만을 모으던 전례와 달리, 세계 각지를 돌아다니며 현지조사를 수행했다. 당시 실제로 존재하던 지역을 현장에서 확인하고 그곳에 거주 중인 현지인들이 믿고 있는 토착 역사와 신화를 수집한 후 이를 이슬람적 세계관과 역사관에 맞춰 재구성해냈다. 이로써 그는 이슬람의 틀에서 벗어나지 않으면서도 현실 세계의 세계 역사와 지리를 최대한 반영한 복합적 세계 역사지리를 구성해냈다.

동아시아 바깥에서는 유례가 없는 신라의 역사, 그것도 성서 지리사적 신라사가 그의 손에서 탄생했다. 비로소 신라가 당대 이슬람 세계가 배출한 우주사와 세계지리 역사 속에 등장한 것이다.[7]

한국과 중국에 관한 이슬람 성서학적 인식

『황금초원들과 보석광산들』에서 알-마스우디는 신라의 역사를 노아(아랍어로 Nūh)의 세 아들 중 셋째 아들 야벳(아랍어로 Yāfit)의 장남으로 거슬러 올라가며 추적했다. 유대교와 기독교가 그러하듯 무슬림들은 대홍수에서 살아남은 노아의 세 아들 부부 중 첫째 셈이 자신들이 거주하는 중위도 지대에, 둘째 햄이 남쪽 아프리카로, 셋째 야벳이 보다 북부 유라시아로 흩어졌다고 보았다. 그리고 야벳의 아들들은 다시 각각 서쪽 유럽으로, 또 동쪽의 카프카스 너머로 초원지대 등지로 흩어졌다고 보았다.[8]

알-마스우디의 이러한 인식은 단순히 성서학적인 인식의 하나에서 비롯된 결과가 아니다. 그의 세계관은 보다 복잡하고 정교한 인식체계들,

특히 고대 페르시아의 7대 민족설Haft Kishvar에 그 뿌리를 두고 있다. 고대 페르시아는 세계의 중심부에 자신을 두어 제4 지역으로 삼고 주변 지역을 방위에 따라 여섯 지역, 즉 동북, 동중, 동남, 서북, 서중, 서남으로 구분지었다.⁹

이에 맞춰 각 지역에 분포하는 민족들도 총 일곱으로 분류화했다. 이러한 분류는 이슬람 지리학의 주요 갈래 중 하나로 알-마스우디 이전의 여러 무슬림과 비무슬림 지리학자들에게 수용되었고, 그 이후의 여러 지리학자들에게도 전승·활용되었다.¹⁰

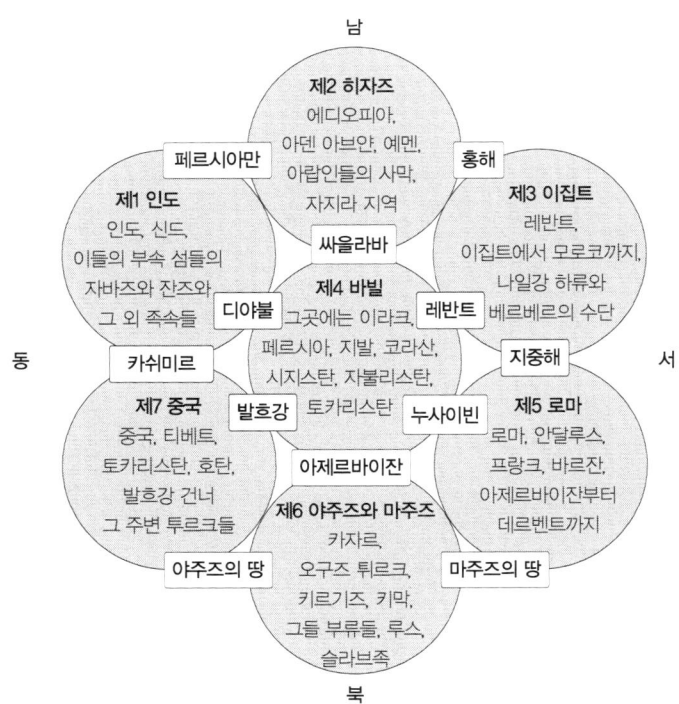

그림 7 7대 키슈바르(al-Biruni의 것을 번역·제작)¹¹

이후 임종 직전에 집필한 역작 『경고와 감독의 책』에서 세계의 모든 인류는 각각 하나의 언어와 한 명의 통치자를 공유하는 7개의 고대 움마(아랍어로 민족, 공동체 등 다양한 의미로 쓰임, 여기서는 민족)[12]에서 갈라져 나왔다고 상정했다. 그리고 그들은 결국 과거 노아의 홍수에서 살아남은 노아의 세 아들이 흩어져서 건설한 것으로 연결지었다. 이를 통해 그는 성서학적 관점에서 하나님의 천지창조부터 그가 살던 시대에 실제로 분포하는 개별 민족들까지 전 세계의 대지와 그 위 온 인류를 관통하는 세계사를 구조화하는 것에 성공했다.

가령 일곱 개의 지역 중 중위도 지역에는 셈의 후손들이 분화하여 동서로 제1, 제4, 제7 지역에 자리 잡았다. 그중 가장 가운데에 위치한 제4 지역의 동남쪽에는 제6 지역, 즉 신드Sind와 힌드Hind 움마가 자리한다. 여기서 제6 지역에 해당하는 신드와 힌드 지역은 본디 한 민족이었다가 후대에 와서 신드인(인더스강 유역의 주민)과 힌드인(갠지스강 유역 주민)으로 나뉘어 각자의 언어와 정치체제로 갈라졌다는 식이다.

그리고 그보다 북쪽을 서쪽의 제5 지역과 동쪽의 제7 지역으로 놓고, 제7 지역을 중국과 신라 지역으로 명명했다. 인도와 스리랑카를 오가는 길에서 숱한 지리사가들과 교유했던 알-마스우디는 중국과 신라라는 동아시아의 국가들이 동일한 지리적 권역에 위치하며 정치경제부터 언어(문자)와 문화의 여러 가지를 공유한다는 것을 확인했기에 이들이 과거 한 민족에서 갈라져 나왔다고 추정한 것이다.

그가 굳이 신라와 중국만을 언급한 이유를 확언하기는 어렵지만 유력한 추정은 가능하다. 먼저 알-마스우디는 그의 시대에 분포한 여러 집단이 과거 하나의 군주와 언어를 공유하던 민족 집단에서 파생되었다고 보았다. 신라와 중국은 왕끼리 이례적일 정도로 강력한 결속을 꾸준히 유지하고 있고, 같은 문자를 공유하며 이를 통해 소통할 수 있기에 그가 제시한 민족의 조건에 부합한다. 또한, 지리적으로 같은 지역권이지만 바다로 확연히 떨어져 있고 각각의 왕이 있기에 현재로서는 분명히 다른 정치체이다.

이를 바탕으로 알-마스우디는 신라를 중국과 함께 동아시아라는 역사 속에 포함시키고 이를 다시 노아의 손자이자 그의 삼남 야벳의 장남인 고머로, 다시 그보다 앞선 아담과 종국에는 하나님의 창조사로 연결시킴으로써 이슬람의 창조 역사에 편입시켰다. 반대로 그는 자신들이 파악할 수 있는 가장 마지막 땅이자 무슬림들이 들어가서는 영구 정착한 신라까지 그의 세계사이자 하나님의 우주사에 담아냄으로써 당대 세계를 모두 포괄하는 세계지리와 역사를 이슬람적으로 완성하는 쾌거를 이루었다.

이로써 신라는 동아시아 바깥에서 역사에 관한 정립은 고사하고 존재 자체를 언급한 사례조차 전무하다시피 한 과거에서 벗어나 당대 거의 세계 전역에서 활동하던 이슬람 역사서에 다른 민족을 제치고 당당히 입장했고, 나아가 세계의 절반을 차지하는 이슬람의 역사관에서 중요한 입지를 확보할 수 있었다.

나아가 그의 '세계 7대 민족 국가로서의 신라' 이론은 우리의 정체성과 역사를 국내외에서 가장 높게 평가한 예의 하나에 해당하기에, 우리는 바로 이 이론을 통해서 한국의 통시적 국제관계 및 한국 문명의 국제적 성격을 재규명하는 시도에 착수할 수 있다.

지금까지 세계 문명사에 대한 한국의 기여에 대한 평가는 주도적이고 중심적인 역할보다는 부수적이고 종속적이었다는 견해가 주를 이뤘다. 물론 이러한 평가가 한국이 선도한 업적들, 예를 들면 최초의 금속활자 발명과 같은 여러 성취들을 부정한다는 뜻은 아니다. 하지만 통시적이고 공시적인 총평에 있어 고금의, 특히 외부 세계의 한국 문명에 대한 평가는 주변부에 가깝다는 견해가 지배적이다.

하지만 알-마스우디의 견해는 이와 같은 세간의 인식이 한결같았을 것이라는 통념에 명백한 반례를 제공한다. 그의 세계관과 역사발전론을 보다 현대에 와서 구체화한 독일의 철학자 카를 야스퍼스의 이론을 통해 이해해보자. 그는 1949년에 발표한 『역사의 기원과 목표』를 통해 인류의 역사적 발전 단계에 관한 이론을 개진하면서 소위 '기축 시대의 문명Axial Age Civilization'이라는 개념을 제시했다. 이에 따르면 아직 국가 단계의 차원에 도달하지 못한 1차적 문명, 즉 원시 문명사회의 인류가 기원전 800년에서 기원후 200년 기간에 세계 곳곳에서 다발적으로 현대 문명의 기본적인 프레임과 향방을 결정지은 인물과 사상, 그리고 문명권을 출현시켰다.

호메로스와 플라톤, 아르키메데스와 같은 인물과 함께 현대 서양 세계의 기틀을 제공한 그리스·로마 문명이나 공자·노자 등의 제자백가를 배출하며 동아시아를 새로운 단계로 진화시킨 중국의 진한 문명, 또 부처와 우파니샤드 철학 등의 출현과 함께 도약한 남아시아의 문명과 같이 당시 세계 각지에서는 공통적으로, 기존의 느슨한 언어적·정치적 개체를 통합해가며 문명을 갖춘 국가로, 더 나아가 향후 주요 문명권을 구성할 제국으로 출현하기 시작했다.

이와 같은 역사 발전론에 따르면 후대의 인류는 이 기축 시대에 형성된 문명을 기본적인 모판으로 하여 오늘날까지 발전했다. 물론 이들끼리는 세월의 흐름에 따라 서로 합종연횡을 통해 명멸을 거듭했고, 또 시간이 지남에 따라 중세적 변형, 근대적 진화, 현대적 재탄생을 겪었지만, 이 기축시대에 형성된 기본 뿌리에서 파생된 가치와 이념 등은 여전히 현재의 문명들이 작동하는 연속성을 유지하고 있다.

물론 이 논쟁적인 개념에다가 알-마스우디의 성서역사학적 상상 및 그가 파악한 신라와 세계의 인문 지리를 대입함으로써, 그가 정의한 신라의 성격과 지위를 마치 우리가 역사 속에서 실제로 성취한 사실인양 취급하고 이를 근거로 우리의 역사적 지위를 재부여할 수는 없다.

　하지만 적어도 우리는 중세를 통틀어 세계에서 가장 위대한 문명사가 중 하나였던 알-마스우디가 앞서 고안해낸 그의 기축 시대의 세계 7대 문명을 구성하는 몇 안되는 주역들 중 하나로 신라를 꼽았음을 관념과 인식의 역사라는 관점에서 진지하게 평가할 필요는 있다.

　알-마스우디를 통해 우리는 당시는 물론 후대에도 상당기간 세계에서 가장 영향력이 컸던 동양학자이자 세계지리학자이며, 역사가이자 이슬람학자인 동시에, 대여행가이며 최고의 한국전문가였던 그가 한국을 노아의 세 아들의 디아스포라에서 비롯되어 전 세계에 7개의 최초의 국가를 만들 당시 그 국가 중 하나가 중국인과 신라인들의 국가였으며, 그 7대 국가가 나중에 분화된 나라 중 하나가 바로 그가 살던 당시의 세계의 주요국인 신라 왕국이라고 특기했다는 사실을 놓쳐서는 안 된다.

　왜냐하면 알-마스우디의 이러한 인식은 이를 직접 계승한 기록이 발견된 사례가 아직 없을지라도 후대 무슬림들과 그들의 저작 및 사상에 영향을 받은 이들을 통해 신라와 한국에 관한 관념에 간접적인 방식으로 의식적·무의식적 족적을 남겼을 가능성이 크기 때문이다.

　또한 아직 켜켜히 쌓인 필사본 뭉치 속에서 그의 세계관과 그 속의 신라관을 이은 사슬들을 발견할 가능성이 여전히 엄존하는 만큼 우리는 그가 제시한 신라의 세계지리적, 세계사적, 심지어 성서학적, 우주사적 입지와 정체성을 한국의 역사적 DNA와 교류사적 역할에 대한 잣대에 포함시켜 이해하고 또 알릴 필요가 있다.

그리고 당시로서는 가장 엄격한 실증주의 지리학자이자 역사가인 알-마스우디가 하나님의 역사와 세계를 완성하는 마지막 역작에서 신라에게 이와 같은 평가를 내리게 된 당시의 세계적 환경과 국제적 평가를 역추적함으로써 우리는, 영토와 전투만으로는 측정되기 어려운 당시 신라의 소프트파워와 인지적 지위를 재평가하는 새로운 영역에 도전할 중요한 발판을 하나 더 갖출 수 있음을 인지하고, 이를 여타의 우리 관련 기록과 연계해서 후속 연구를 지속해야 할 것이다.

세상의 동쪽 끝에 자리한 낙원으로서의 입지 강화

후대 무슬림들의 세계 인식에 있어 가장 막대한 영향을 미친 인물 중 하나일 뿐 아니라 유럽인의 지리관 형성에도 직간접적 영향을 끼친 알-마스우디의 신라관은 후일 이슬람 세계가 신라를 계속해서 무슬림들의 이상향으로 믿는 것은 물론 신라가 고대 여러 문명에서 공통적으로 나타나는 '세상의 동쪽 끝에 자리한 낙원으로서의 황금 섬'으로의 이미지를 강화하는 데도 기여했다. 또한 이러한 인식은 대항해 시기 일본을 황금의 섬 지팡구Zipangu[13]로 인식하고 이를 찾기 위해 떠난 유럽 항해자들의 항로 개척에도 영향을 주었다.

신라에 처음 황금향으로서의 이미지를 부여한 이븐 쿠르다딥바는 신라를 세상의 낙원이자 전설적인 황금향으로 서술하기보다는 다분히 '황금이 많고', '무슬림들이 자발적으로는 떠나지 않는' 대상으로 보았기에 관념적이거나 신화적인 요소가 적다.

하지만 이슬람 세계의 지리 지식 형성에 막대한 영향을 준 그리스-로

마와 페르시아의 세계지리, 동아시아 지리에 관해 지식을 전파한 중국의 지리는 공통적으로 유라시아 대륙의 동쪽 끝 너머 바다 가운데 세상에는 실존하지 않는 환상적인 황금의 섬을 상정했다. 이들이 제시한 이 섬들은 이슬람 초기 지도와 지리서에 그대로 담겼다가, 무슬림들이 경험과 연구를 통해서 그들의 동부 유라시아 해양 지식을 능가하면서 점차 이슬람 고유의 관념으로 대체되었다.

먼저 무슬림들의 동방 황금향 인식에 직접 영향을 준 그리스와 로마인들은 그들의 발상지인 지중해에서 가장 멀리 떨어진 동아시아 지리 지식습득에 한계가 있었다. 더구나 수에즈 운하 개통 전까지는 아프리카 희망봉을 돌아가야 인도양 항로에 합류할 수 있었고, 육로로의 접근 역시 대부분의 기간을 라이벌인 페르시아나 이슬람 세력들의 점령지를 관통해야했기에 직접적인 지리 지식 습득보다는 간접 지식의 체록과 고유의 상상 및 선대로부터의 전래된 이야기에 절대적으로 의존할 수밖에 없었다.

직간접적 지식을 총동원해도 고대 그리스인의 세계지리 지식의 실제적인 동방 한계선은 카스피해 인근인 스키타이와 인도까지이다. 기원후 1세기 이집트의 알렉산드리아의 상인 그레코Greco가 집필한 에리트리아해 안내기Periplus Erythraean Sea는 대표적으로 지중해와 인도양 서부인 인도 서해안까지의 무역 활동에 관한 정보를 서술하고 있다. 그는 인도보다 동쪽은 육로를 통해 중앙아시아와 동아시아로 접근이 가능하다는 지식을 남겼다.[14]

같은 시기 주로 스페인의 서남단이자 아프리카와 거의 맞닿은 오늘날의 카디즈Cadiz 일대에서 활동했을 것으로 추정되는 로마의 지리학자인 폼포니우스 멜라Pomponius Mela(약 45년 사망)의 경우에도 지리 지식의 한계는 역시 인더스강과 스키타이의 초원부에 해당한다. 물론, 적도를 중심으로 남쪽에 인도를 북쪽에 스키타이를 묘사하고 그 사이에 조그맣게 중국Seres을 표기했지만 아무런 지형지물도 기입하지 못했다. 중국에서 육지로 가장 가까운 지역은 소그디아나(오늘날의 우즈베키스탄 인근)와 간다라(오늘날의 아프가니스탄 일대)로 기록되었다. 중앙아시아가 중국의 서쪽 끝과 연접했다는 것은 어렴풋이 파악했지만 그 크기와 형태 및 내부 지리에 대해서는 무지했다.

인도와 중국 사이를 가르는 타우르스산맥Taurus Mountains은 아나톨리아에서 발원하여 아시아 대륙 전체를 적도를 따라 양분하고 있다. 그 산맥의 북변의 중국 앞에는 '아름다운 바다Eous Oceanus'가, 남변의 인도 앞에는 '인도해Indicus Oceanus'가 펼쳐져 있다.

세계의 정동향正東向은 중국해 앞이지만 그 바다에는 아무것도 없다. 대신 살짝 남쪽의 인도의 바다에는 거대한 섬 넷이 펼쳐져 있는데 북쪽 적도 가까운 곳에서 서남쪽으로 시계 방향을 따라 각각 황금의 섬Chryse Insula, 은의 섬Argyre Insula, 태양의 섬Solis Insula, 스리랑카Taprobane가 도열해 있다. 유독 거대한 스리랑카는 그 지형과 위치로 볼 때 로마인들이 실제 지형에 대한 정보를 습득하고 이를 반영했음이 명확히 드러난다.

반면 황금과 은과 태양의 섬은 멜라 자신도 옛 작가들의 기록에서 인용한 것이라고 밝혔고, 동시기 박물학자 대大 플리니우스Gaius Plinius Secundus Major(23~79년)는 그의 『박물지』에서 같은 기록들을 옛 문서에서 발견했지만 믿기 어렵다는 견해를 피력했다.[15] 다시 말해 이 해역에 있는 보석의 섬들은 관념으로 창조해 낸 섬들이다. 그리고 이 섬들은 뒤에서 자세히 다룰 2세기 이집트 알렉산드리아의 지리학자 클라우디오스 프톨레마이오스Claudios Ptolemaeos(보통 줄여서 프톨레미, Ptolemy)에게 그대로 이어진 후 중세 이슬람 지리에 수용된다.

한때 이슬람 세계지리의 큰 스승이었지만, 직접 탐험한 동아시아 세계 지식에 있어서는 한계를 보였던 이들 그리스-로마인들과 달리, 중국은 동아시아 지리에 관한 지식의 원천이자 보고이다. 그리고 중국 역시 동쪽 바다 건너에 신비한 섬 또는 섬들이 있다는 믿음이 있었고 이는 중국사에 실제로 영향을 미쳤다. 대표적으로 중국 최초의 통일 군주 진시황은 불로초를 구하기 위해 서복 일행을 동쪽 바다 건너로 파견했다.[16]

중국의 도교사상은 이러한 동쪽 바다 위 황금의 섬이 있을 거라는 믿음을 강화시키고 확산시켰다. 춘추전국 시대 또는 늦어도 선진 시대로 거슬러 올라가는 고대 중국의 신화집이자 지리서인『산해경山海經』은 가상의 인물과 지명 및 사건이 실제의 것과 섞여 있다. 고대로부터 오늘날까지도 많은 동아시아인들에게 널리 유포되어 읽히는『산해경』의「해내북경」에는 중국의 동쪽 바다 건너에 셋 또는 다섯 산이 있다는 설이 있고, 이는 민간에도 널리 받아들여졌다. 특히 봉래산은 금강산을 비롯하여 한중일 각국 복수 지역의 지명으로 남아 있는데, 보석이 넘치고 신선이 사는 낙원의 섬이라는 점에서 무슬림들의 신라에 관한 관념과 궤를 같이한다.

위의 두 문명을 필두로 이슬람에게 큰 영향을 준 문명권에서는 공통적으로 자신들의 인식의 동쪽 한계선 끝에 바다를 두고 그 위에 황금이 넘치는 섬을 설정하였다. 다만 이 황금의 낙도樂島는 고정불변의 대상이 아니라 자신들의 지리 지식의 한계가 동쪽으로 확장될 때마다 새로운 지역에 해변을 다시 긋고 그 너머에 새로운 섬에 기존의 황금의 섬 이미지를 투사했다.

폼포니우스 멜라 시기 갠지스강의 동쪽 너머 중국을 어렴풋이 알던 시절의 황금의 섬은 후일 동남아시아에 대한 이해가 넓어지면서 말레이반도의 황금반도 Golden Cherosene가 되어 육지에 흡수되었다. 하지만 이곳은 기존의 황금향으로 받아들여지기에 부족했다. 바다 가운데가 아닌 육로로 연결되었고, 이상적 환경이라는 이미지를 투사하기에도 부적절했다. 새로운 섬이 필요해졌고, 그 대상으로 새롭게 이해가 넓어진 중국 앞바다, 그중에 실제로 자신들이 확인한 신라가 물망에 올랐다.

과연 신라는 실제로도 황금이 매우 풍부했고, 중국에서 바다로 꽤 떨어져 있으며, 자연과 인문 환경이 낙원이라고 부를 만했다. 무엇보다 무슬림들이 한번 입성하면 좋아서 떠날 줄 모른다는 믿음이 있었다. 중세 무슬림들은 고대 문명들의 동방의 황금 섬에 관한 인식을 하나씩 섭렵하면서 기존의 믿음을 더욱 강화해 나갔고, 그것이 자신들이 발견하고 정착한 신라라는 것을 확신하면서 신라에 대한 기존 이미지를 강화하는 한편, 이것을 정당화할 각종 이유를 상상해서 덧붙여 나갔다.

그 결과로 신라는 물과 공기가 맑고, 바다에 물을 뿌리면 용연향이 풍기며, 지붕과 식기와 개의 목줄과 원숭이의 머리테가 황금일 정도로 현실을 아득히 초과한 세상의 낙원으로 무슬림들의 상상 속 세계의 동쪽 끝에 안착했다.

제 3 장

무슬림들이 붙여준 신라의 위도와 경도,
그 속의 지중해부터 인도까지의 세계

제3장

무슬림들이 붙여준 신라의 위도와 경도, 그 속의 지중해부터 인도까지의 세계

무슬림들에게 위도와 경도를 가르쳐준 외국인 스승들

휴대전화 사용부터 날씨 정보까지, 천문지리 정보의 기초가 되는 GPS는 위도와 경도의 정확한 측정에서부터 출발한다. 한국의 위도와 경도는 언제, 누가 처음 측정했을까? 아이러니하게도 당시 한국과 접촉하던 이들 중 가장 지리적 거리가 떨어진 곳의 사람들, 바로 중세 무슬림들이다.[1]

11세기 페르시아 출신의 무슬림 천문학자 알-비루니al-Bīrūnī는 전 세계 경위도를 정리하는 과정에서 신라의 위도를 북위 5도, 경도를 동경 170도라고 매겼고,[2] 이후 열 명 이상의 무슬림 저자들은 이 좌표를 바탕으로 조금씩 그 위치를 수정하다가 종국에는 동경 180도라는 다소 인위적으로 보이는 지점까지 신라를 끌어 당겼다.[3] 그들은 왜 아무도 시도하지 않았던 신라의 경위도를 부여하고 여러 차례에 걸쳐 수정했던 것일까?

이슬람은 태생부터 지리 환경적 이유로 인해 필연적으로 천문지리학이 발달할 수밖에 없었다. 먼저 모든 무슬림은 이슬람을 받아들인 날부터 하루 다섯 차례 이상 자신이 서 있는 위치에서 정해진 시간에 메카 방향을 향해 엎드려서 기도해야 한다. 즉 메카가 눈에 보이는 위치에 있는 사람을 제외한 모두는 자신의 위치가 어디인지, 또 메카가 어느 방향에 위치하는지를 알아내야 하고 또 지금이 몇 시인지도 맞춰야 한다.

즉, 이들에게 천문지리학은 인간의 삶을 편리하게 해주는 실용적인 과학일 뿐만 아니라, 그보다 숭고하고 절박한, 신이 인간에게 부여한 사명, 즉 종교 행위다. 게다가 이슬람은 성지 메카까지 갈 재정적 여력과 건강 상태가 되어 있는 모든 무슬림들에게 일생에 한 번 이상 메카까지 성지를 순례할 것을 명령한다. 이슬람의 가장 기초적인 다섯 의무 중 두 가지인 이 예배와 순례의 의무는 천문학과 지리학을 비롯한 광범위한 분야의 다양한 학문을 발달을 선도했다.

성지 순례는 개별 무슬림들의 의무일 뿐 아니라 이들의 순례를 도울 수 있는 모든 이들에게 협조와 공헌을 해야 할 공동의 의무이기도 하다. 정치인과 군인, 관료들은 성지로 향하는 도로와 숙소, 물과 식량을 보급하고 안전을 확보해주어야 하며, 과학자들은 저 멀리 중국이나 아프리카 끝에서 몇 달, 심지어 몇 년에 걸쳐서 순례를 오는 이들이 길을 잃고 헤매지 않도록 끊임없이 천문지리 정보를 개량해서 제공했다.

덕분에 순례자들은 수천 킬로미터 밖에서도 메카를 찾아올 수 있었고 그 노정 위에서, 때론 모래밖에 보이지 않는 사막이나 풍랑이 치는 칠흑 같은 바다 위 출렁이는 갑판에서도 메카 방향을 찾아 기도할 수 있었다.[4] 이를 위해 무슬림 학자들은 메카 방향을 찾는 전용 지도를 제작했고, 낮에도 밤에도 대양을 건널 수 있도록 나침반(이전에는 카말과 아스트롤라베 등)과 같은 관측기구와 항해 도구, 지도와 지리 정보서 및 항해술을 부단하게 개발하고 개량했다.

순례자들의 길이 으레 그랬듯 순례를 돕는 지리 정보는 순례만을 위해 사용되지는 않았다. 이 지리 정보를 바탕으로 무슬림들은 카라반 대상(隊商)과 신밧드의 모험(이라는 공상의 이야기)으로 대표되는 이슬람 무역선단으로 이름을 떨쳤고, 수피(이슬람 신비주의) 선교사들을 파견하기도 했으며, 군사를 출정하거나 세금을 수취하고 서신을 주고받았다. 이 과정에서 얻은 지리 정보는 다시 순례를 위한 지리 정보의 개선으로 돌아와 선순환되었고, 덕분에 이슬람의 지리 지식은 중세 세계 최고 반열에 올랐다.

하지만 이러한 성취가 오롯이 무슬림들의 손에서만 탄생했을 리는 없다. 오히려 이들은 그리스-로마, 인도, 페르시아와 같이 고대 세계에서 이룩한 최고 수준의 문명과 고유한 우주관을 바탕으로, 개성적인 천문지리학(천문학, 점성술, 지리학 등)을 보유했던 거인들의 이론과 데이터를 수집하고 이를 검증하며 개량해 융합하는 과정에서 자신만의 성취를 이룩할 수 있었다. 가령 기원전부터 지구의 둘레를 계산하고 세계 각지의 위도와 경도를 끊임없이 측정했던 고대 그리스와 로마는 앞서 언급한 프톨레미에 이르러 그 절정을 이룩했다. 그는 이슬람 세계 내 다수의 천문지리학자에게 있어 천 년 이상 지리학의 아버지로 받들어지면서 주요한 지식의 출처로 부단히 소개되었다.

앞서 말한 자생적 요건 외에도 이슬람 문명은 중세 시기 가장 정확한 세계지리 정보를 생산할 수 있는 가장 단단한 기반, 즉 물리적인 경험 면에서 여타 지역을 압도하는 조건을 지녔다.

고대 세계의 대제국들은 선진 지리학 체계를 고안하고 지리 자료를 수집했지만, 이 모든 문명권은 활동 범위가 유라시아 대륙 내의 한 지역에 집중되었다. 가령 그리스-로마, 이집트, 페니키아 등 지중해권 문명의 경우 대서양과 지중해 일대에 관해서는 점령과 교역을 통해 정확한 정보를 갖추었지만, 인도양, 특히 인도양의 동부와 그보다 동쪽 세계를 탐험할 일은 극히 드물었고 정확한 지식을 축적할 수도 없었다. 반면 페르시아, 인도와 같이 인도양에 면한 세력들은 인도양의 동서 해안 여러 곳에 뿌리를 내리고 대양의 구석구석까지도 정찰하기 유리했지만, 대서양이나 중국해(동지나해와 남지나해) 등을 파악하기엔 제약이 있었다. 또한 중국을 비롯한 동아시아권은 동아시아 일대의 해역에 해박했지만, 동남아시아보다 서편에 위치한 인도양에 관해서는 간헐적으로 유입되는 정보에 의존해야 했고, 그 너머 지중해와 대서양권에 관해서는 건너 들은 풍문 이상의 것을 기대하기 어려웠다.

그러나 무슬림들은 무함마드가 계시를 받은 후 군을 동서로 나누어 편성하고 동군은 서아시아로, 서군은 북아프리카로 진출시켰다. 이윽고 아프리카 대륙 서쪽 끝까지 진출해 대서양 해변까지 차지한 무슬림들은 곧 지중해를 건너 유럽에 상륙해 800년 동안 유럽 대륙의 서남부를 지배했다. 이로써 무슬림들은 지중해와 대서양이 만나는 지점의 남북을 통치하면서 대서양을 관리했기에, 당시 구대륙에 살던 이들이 세계의 전부로 알고 있던 아프로-유라시아 대륙의 서쪽 끝을 누구보다 더 잘 이해할 수 있었다.

마찬가지로 무슬림들은 유라시아 중부와 동부에 관해서도 해박했다. 서정군西征軍이 유럽대륙에 발 디딘 정확히 그해 동정군東征軍은 인더스강을 건너 인도의 펀자브 지방까지 진출했다. 이때부터 그들은 오늘날 가장 많은 무슬림 인구가 사는 남아시아를 서북쪽에서 동남향으로 잠식해 들어갔다. 또한, 아프리카 동부 해안 지대를 점령해 인도양 서부에 식민지를 개척함으로써 삼면에서 인도양 전체를 아우르는 무역 네트워크 기지를 구축했다.

무슬림들은 인도양 동부에서부터 중국까지 직접 군사 원정을 보낼 수는 없었지만 현지의 무역을 주도했다. 군대를 대신해 무슬림 무역상과 수피 선교사들이 각지에 속속 정착하면서 현지 유력 세력들과 결탁해 상업 기지를 구축하고 자치기구를 설립하였고, 현지인들과 통혼하여 세력 범위를 넓혔다. 이렇게 늘어난 현지 무슬림들은 본국까지 연결되는 네트워크를 구축해 상업, 선교, 순례 등의 형태로 활발히 교류하며 탄탄하고 조밀한 정보망을 가동해 동부 인도양부터 동아시아까지의 지리 정보를 수집하고 검증했다.

모험을 통해 상상의 나라를 실제 세계로 대체하기

이러한 과정을 통해 무슬림들은 타 문명들로부터 물려받은 지리 관련 기존 지식 중 부정확하거나 시대에 뒤쳐진 정보들을 자신들이 직접 경험하거나 수집한 최신 정보로 교체하고, 수요와 중요성에 맞춰 재구성했다. 이 과정에서 새롭게 부각된 가장 대표적인 지역이 신라다.

신라는 세 가지 측면 – 즉 무슬림들이 직접 개척을 통해 기존 외래 문명들의 지식을 확장·완결했다는 완벽한 증거, 세상의 동쪽 끝이라는 입지가 주는 상징성, 무슬림 디아스포라에서 독보적인 존재 – 에서 반드시 무슬림들이 경위도를 부여해야만 하는 대상이 되었다.

먼저 신라는 자신들이 성취한 지리 지식의 확장이 투영된 상징적 존재다. 무슬림들은 과거 자신들이 물려받은 고대 외래 문명들의 지리 정보를 토대로 이를 재확장하되 기존 세계지도의 모자이크 조각 중 더는 유효하지 않은 데이터를 확인해 자신들이 발견한 새롭고 정확한 퍼즐 조각으로 채워 넣음으로써 세계지리를 새롭게 완성했다는 자부심이 있다. 이를 표출할 때 내세울 만한 대표적인 장소 중의 하나가 신라다.

특히 신라의 추가는, 기존에 있는 정보를 업데이트하는 것이 아니라 아예 누락되었던, 하지만 실체가 분명히 확인되고 정보로서의 가치도 충분한 곳을 자신들이 발굴한 것이다. 따라서 무슬림의 입장에서 신라는 세계지리사에서 자신들의 독자적 업적을 최대한으로 부각할 수 있는 대상이었다.

앞선 문명들(인도, 그리스-로마, 이집트, 페르시아 등) 대부분은 유라시아 대륙의 서쪽 끝부터 중국 이전까지는 비교적 정확하고 상세히 파악했지만, 중국 이동以東 세계에 대해서는 거의 무지했던 데 반해, 무슬림들은 중국과 그보다 동쪽 지역을 직접 탐험하고 정확한 정보를 모았다. 게다가 무슬림들은 중국에 대해 자세히 파악하고, 거기에 더해 신라라는 실존하는 세계를 처음 발견해 유라시아 중서부에 소개했다.

다른 대부분의 학문 영역과 마찬가지로 이슬람 이전의 유목 아랍인들은 대부분의 영역에서 제국을 이룬 주변 민족들보다 열위에 있었고, 지리와 문화 영역 역시 새 종교를 통해 주변을 제압한 초기 이슬람 시기 아랍인들이 일방적으로 배워가는 입장이었다. 하지만 신라라는 구체적이고 명백한 증거를 제시함으로써 이들은 보다 넓은 세계를 경험하고 진출하여 정확히 파악함으로써 이미 주변 문명을 다방면에서 추월하였다는 것을 단적으로 보여줄 수 있었다.

두 번째로 신라가 위치한 세상의 동쪽 끝이 가지는 두 가지 측면 – 물리적 측면과 관념적 측면 – 에서의 상징성 때문이다.[5] 다수의 무슬림 저자들은 그들이 파악한 세계를 완결하려 했고, 당시 자신들이 파악한 동쪽 세계를 남북으로 크게 세 개의 영역으로 구분했다. 구체적으로 북쪽은 현재의 시베리아에 해당하는 북아시아의 초원steppe지대, 중위도 지역은 중국과 중세기의 상당 기간 중국의 지배하에 있었던 베트남, 중국에서 바다 건너 동쪽에 자리한 신라, 그리고 남쪽은 인도차이나반도와 동남아시아 도서 지역이다.

저자들이 세계지도를 작성할 때는 중간 지대에 있는 지역들은 우선순위에 따라 생략이 가능했지만 세계의 양쪽 끝만큼은 반드시 채워 넣어야 완성이 가능했다. 특히 이미 수십 명의 저자가 중국보다 동쪽에 자리했다고 기록한 신라를 제외한다면 그들의 세계지도는 동쪽 세계가 완성되지 않은 미완의 상태가 된다. 따라서 신라의 경위도는 세계를 이해하는 데 있어 빠뜨릴 수 없었다.

마지막으로 신라는 무슬림 저자 입장에서 세계의 역사와 지리, 특히 이슬람의 역사와 지리에서 독보적 대표성을 가진, 무시할 수 없는 존재였다. 다수의 지리, 역사, 백과사전 저자들은 중국과 인도 외에 특기할 동편의 주요 지역으로 대부분 신라만을, 또는 신라와 극히 일부 지역만을 소개했다. 특히 이 저자들은 공통적으로 모든 무슬림들이 한번 신라에 입국하면 너무 행복해 돌아오지 않는다고 입을 모았다. 이런 유형의 성격과 가치를 지닌 지역은 이슬람 지리 전체를 통틀어도 신라 외에는 거의 찾아볼 수 없다. 이슬람의 입장에서 신라는 세계의 끝까지 무슬림들이 진출했으며, 심지어 현지민들의 환영과 함께 만족스러운 영구 정착을 하고 있다는 역사적 상징성을 지니는 곳이다.

이렇듯 신라는 다른 지역에 비해 독특하면서도 무슬림들의 삶과 활동에 긍정적인 상징성을 강하게 내포한 곳이기에 후대의 무슬림 저자들이 신라에 관해 비록 세밀하게 확인하지는 못했더라도 이를 건너뛰기는 어려웠을 것이다.

왜 신라를 적도 근처에 있다고 보았을까?

이러한 중요성을 지녔음에도 불구하고 무슬림들이 계산한 신라의 경위도는 현실 세계의 위치와 상당한 차이가 있다. 물론 경도는 현대적인 측정기구가 없던 시대에 근삿값조차도 구하기도 매우 까다로웠지만, 위도마저도 큰 차이가 나는 것은 상당히 의문스럽다.

위도는 고대 시대부터 두 지점에 막대기를 꽂아 양 지점의 거리와 그림자의 길이를 측정해 계산하는 비교적 간단한 방법으로도 대략적인 측정이 가능했다. 하지만 뒤에서 자세히 설명하듯 대부분의 중세 무슬림들은 북위 33도에서 43도 사이에 놓인 한반도상의 신라를 거의 적도 인근, 오늘날 방콕(북위 13.45도)보다 훨씬 남쪽인 쿠알라룸푸르(북위 3.08도) 인근인 북위 5도에 있다고 인식했다.

독특하게도 한반도가 넓지 않은 영토에도 불구하고 계절별로 온도 차이가 극심한 지역에 속하고, 북부와 동부의 산악지대와 남부와 서부의 평원지대 사이에 기후 차이가 어느 정도 있는 것은 사실이다. 하지만 이를 신라가 위치한 한반도 중남부로 범위를 좁혀보면 그 기후 차이가 매우 줄어들어 전형적인 온대 기후대 내에 위치한다. 따라서 직접 다녀와 봤거나 다녀온 사람들의 경험담을 들었다면 신라의 인문자연 환경을 묘사한 글과 신라의 위도라고 설정한 적도 인근 지역의 실제 기후가 완전히 다르다는 사실 정도는 충분히 파악할 수 있다.

이슬람 지리서 속 여타 적도 인근 지역은 검은 피부의 사람들이 야만의 생활을 영위하고 있다. 반면 신라인들은 흰 피부의 주민들이 왕국을 이루고 중국의 군주와 부단히 물적 교류를 하고 있을 뿐 아니라, 무슬림들이 너무 즐거워서 자발적으로는 절대 떠나지 않을 정도로 훌륭한 생활 여건을 갖추고 있다.

이러한 격차는 어디서 기인한 것일까? 거기에는 무슬림들이 참조했던 그리스 지리학 속 인도양 지형의 왜곡이 결정적 영향을 미쳤다. 오늘날 우리가 획득한 가장 오래된 무슬림의 세계지도는 압바스조 궁정에서도 활동했던 알-크와라즈미(약780~약850)가 제작했다. 이 지도를 실은 책 『클라우디오스 프톨레미가 쓴 지리서 속의 도시들과 산들과 바다들과 섬들과 강들로부터 담은 지구의 형상에 관한 책Kitāb Ṣūrat al-Arḍ min al-Mudun wa-al-Jibāl wa-al-Biḥār wa-al-Jizā'ir wa al-Anhār, min Kitāb Jughrāfīyā aladhī 'alfuhu Bṭulimīūs al-Qlūdhī(약칭 지구의 형상)』의 제목에서 보듯 알-크와라즈미의 지도는 프톨레미의 지도를 개량한 것이다.

고대의 세계지도 중에서 가장 우수한 걸작의 하나로 평가받을 뿐 아니라 중세 무슬림들에게 가장 많이 참조되고 높은 평가를 받은 프톨레미의

그림 8 프톨레미의 세계지도(1482년 R. A. Skelton Fak 복원)[6]

지도는 그림 8에서 확연하게 드러나듯 한 가지 치명적인 맹점을 가지고 있다. 이 단점은 후대 유라시아 지리학자들과 이를 참고해서 실제 여정을 떠난 여행가들에게 심각한 착오를 불러왔다.

  오늘날 상식이 된 인도양의 실제 지형은 바다를 통해 대서양과 태평양으로 연결된 열린 구조이다. 반면 프톨레미는 인도양을 닫혀 있는 하나의 호수 형태로 보았고 중국과 아프리카가 동경 약 180도 지점의 적도 인근에서 서로 연결된다고 인식했다. 그렇기에 그림 9의 지도에서 나타난 세상의 가장 동쪽 해안은 인도양의 동해안이자 중국의 서부 해안가이다. 중국과 아프리카 사이의 인도양 한가운데는 인도 아대륙을, 그 바로 곁에는 지중해 최대의 섬 스리랑카를 거대한 크기(실제로는 9배가량 넓은 이베리아반도보

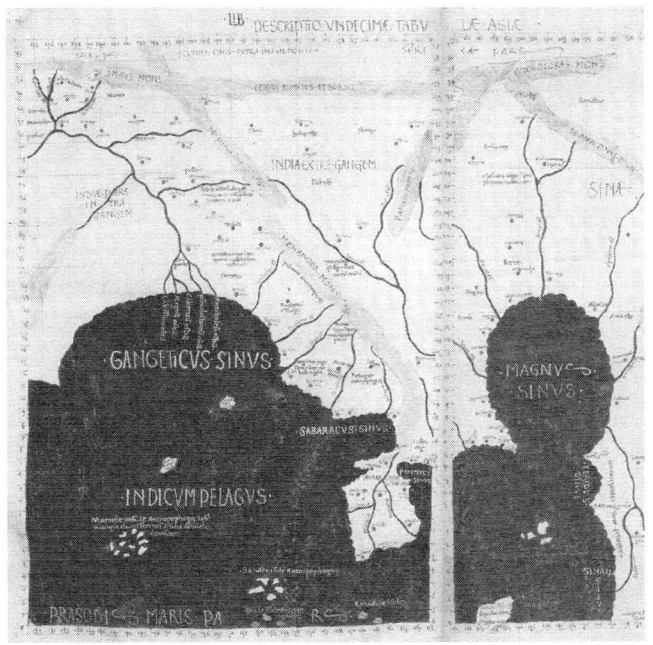

그림 9 프톨레미의 세계지도 속 동아시아 지역(15세기 복원. 영국 도서관. Harley MS 7182)[7]

다 더 커 보일 정도)로 배치했다.

반면 인도와 중국 사이 바다의 경우 아직 동남아시아 도서 지역의 지형에 대한 파악이 부족했기에 실제로는 존재하지 않는 상상의 섬들, 주로 신화에서 모티브를 딴 작은 보석의 섬(황금의 섬, 은의 섬, 보석의 섬, 철 또는 보석의 섬 등)들을 흩뿌려 두었다.

이로 인해 실제로 남서향으로 뻗은 아프리카 대륙의 동쪽 해안선은 나일강과 평행하며 북에서 남으로 내려오다가 적도 인근에서 거의 직각으로 크게 틀어 수평 방향으로 동향하여 중국까지 펼쳐졌다. 이 때문에 동서로 대륙 사이에 위치한 인도양은 북쪽은 아시아 대륙, 남쪽은 아프리카 대륙이 서로 마주 보는 수평의 해안을 가진 연못 형태를 가지게 되었다.

게다가 인도양의 북쪽 해안의 형태 역시 심하게 왜곡되어 있다. 프톨레미의 지리 지식의 동쪽 한계는 거의 오늘날의 베트남 남부 일대에 머무른다. 또 이 지도의 마지막 부분은 로마 황제 피우스Antonius Pious(재위 138~161)[8]의 동전과 중국 한나라의 청동거울 등의 유물이 발견된 옥에오Oc-Eo에 해당한다. 즉 고대 동아시아와 유럽의 교류가 고고학적으로 입증된 곳이다. 따라서 지도상에서 이곳까지의 해안선은 크기와 형태 면에서 작은 차이가 있지만, 전체적으로 실제 지형과 닮아있다.

반면 그는 베트남 남부의 타이만 일대부터 중국까지 해안선의 실제 지형에 대한 정보를 거의 얻을 수 없었다. 그래서 타이만에서 중국 남해안을 따라 양쯔강 연안까지 완만한 동북향 곡선을 그리는 실제 지형과 달리, 이 지도는 타이만에서 동북향이 아니라 거의 직각으로 꺾어 남쪽으로 수직 강하해서 적도 인근까지 남진해 아프리카와 만난다. 왜냐하면, 그의 지도에서 아프리카는 인도양의 서쪽 끝에서 남하해 적도를 돌파한 다음 수직으로 동쪽으로 꺾어 적도와 평행하게 동진하기 때문이다.

즉 프톨레미의 인도양은 열린 바다가 아니라 북쪽은 아시아, 남쪽은 아프리카가 적도를 마주 보며 평행하다가 동과 서 양끝에서 만나는 거의 직사각형의 형태를 띤다. 이는 북쪽에 유럽, 남쪽의 아프리카 해안이 서로 마주 보며 동서로 뻗어 나가다가 양 끝에서 거의 닿아있는 지중해의 형태와 닮았다. 다만 그 크기는 인도양이 지중해보다 압도적으로 클 뿐이다.

그렇기에 프톨레미의 지도에서 중국은 서쪽에만 바다가 있고 남쪽과 동쪽은 육지로 막혀 있다. 또한, 아프리카와 중국은 남북으로 마주하며 양측의 해안선이 적도에서 멀어지지 않기 때문에 두 대륙이 실제보다 훨씬 근접하게 묘사되어 있다.

반면 이를 참고했지만 이미 인도양이 열려 있고 중국의 남쪽과 동쪽이 바다로 둘러싸여 있음을 파악한 알-크와라즈미는 지도에서 인도양을 남중국해와 연결되도록 바다로 열어 두었고 중국의 남쪽과 동쪽 역시 땅이 아닌 바다로 막았다. 그래서 그의 중국은 동쪽과 남쪽의 바다, 서쪽과 북쪽의 대륙 사이라는 실제 지형을 어느 정도 회복했다.

그리고 당시 막 중국에 본격적으로 진출한 무슬림들의 지리 정보 등을 토대로 기록한 중국의 국제항 광저우Khānfū(오늘날의 이름인 광저우와 달리 당시 항구의 이름은 광푸廣府)이기에 알-크와라즈미가 기록한 칸푸라는 발음에 가깝다, 취앤저우Khānju, 항저우Khāntū를 당시 실제 이름과 매우 유사하게 기록해 냈다. 이 항구들의 이름은 그와 비슷한 시기에 활동했던 이븐 쿠르다딥바의 중국 4대 항의 이름과 거의 일치한다.

하지만 알-크와라즈미의 지도는 제목에서 저자가 밝혔듯 중국 해안을 완전히 새로 그린 것이 아니라 어디까지나 프톨레미의 지도를 '개량'한 것이었다. 특히나 중국 삼면을 둘러싼 해안선의 존재와 그곳으로 진출한 무슬림들이 활동 중인 일부 항구들의 이름도 새롭게 습득했지만, 여전히 그와 그의 동료들의 중국 해안선에 대한 지식은 불완전하고 초보적인 수준을 벗어나지 못했다. 그 때문에 새로 추가한 중국 세 항구마저 지리적 좌표를 기입하지 못하고 공백값(θ, theta)으로 처리했다.[9]

알-크와라즈미는 중국을 둘러싼 바다를 둘, 즉 인도양과 (오늘날의 남지나해와 동지나해를 포함한) 태평양으로 구분했다. 중국의 지형을 동서로 좁고 남북으로 긴 형태로 만든 데다가 남쪽 면이 좁아서 중국의 남쪽 바다가 매우 협소해졌다. 따라서 그가 만든 지도 속 중국의 바다는 크게 서쪽 바다와 동쪽 바다로 나뉜다.

서쪽은 아프리카와 중국 사이의 바다, 즉 인도양으로 초록 바다al-Bahr

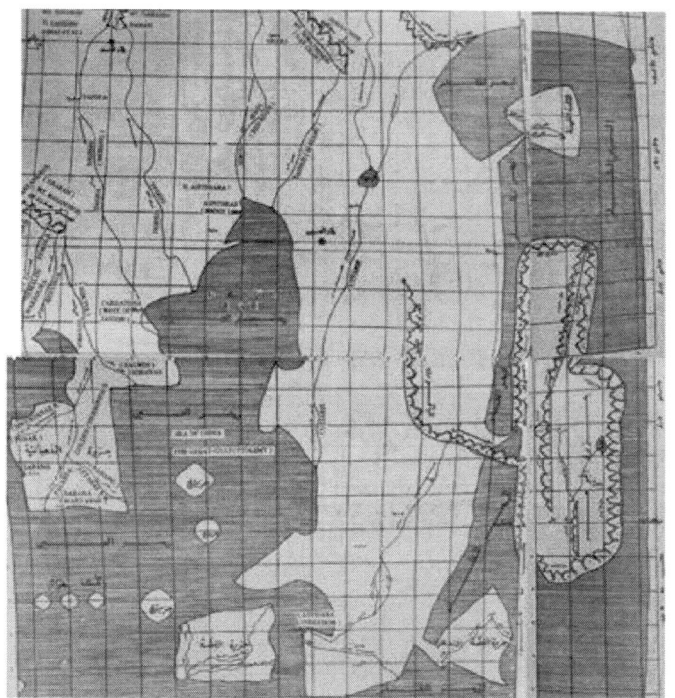

그림 10 알-크와라즈미의 서술을 토대로 복원한 동아시아 해역[10]

이슬람, 신라를 말하다_무슬림의 이상향, 세계의 이정표

al-Akhḍar라는 이름을, 동쪽 해안에서 연결된 반도들과 작은 섬들 외에는 그 배후를 알 수 없는 바다, 즉 태평양으로 암흑의 바다al-Baḥr al-Muẓlim라 이름 붙였다. 이 두 바다가 나뉘는 지점은 중국 내륙 깊숙한 곳에서 발원해서 남북으로 좁고 길게 뻗어 초록 바다와 암흑 바다 사이를 뾰족하고 깊숙이 가르는 땅의 끄트머리에 해당한다.

중국 대륙과 그 해안선이 동쪽으로 얼마나 펼쳐지는지를 알 수 없던 그는 실제로는 남북뿐 아니라 동서로도 광대하게 펼쳐진 중국 남해안을 아주 좁게 설정했고, 중국의 여러 큰 강들 역시 두 군데만 표기했다. 또한, 중국 동쪽 해안에 무엇이 있는지를 알지 못했기 때문에 프톨레미의 지도에 나오는 (금의 섬, 은의 섬 따위의) 몇몇 상상의 섬과 알렉산더 대왕 설화 등에서 유래하는 몇몇 지명[11]들을 섞은 반도들을 이 새로 개척된 해안에 넣었다.

옛 지명을 복사하고 옮기는 과정에서 이 장소들은 이름이나 위치가 바뀌고, 크기나 지형에도 크고 작은 변화를 겪었다. 공통적으로 이들은 실제 지형과는 차이가 있지만, 과거의 관념을 일부 반영해서 인위적 형태(가령 일렬로 배치하거나 완전한 원형으로 묘사)를 적용한 곳들이다.[12]

이 새로이 추가된 지형 중 후대 무슬림 지리학자들에게 가장 큰 영향을 준 것은 중국 땅의 가운데를 남북으로 가르는 큰 강이다. 프톨레미의 지리 지식의 동방 한계선 너머에 걸쳐 있는 이 강은 중국의 실제하는 강에 관한 지식을 반영한 대상이 아니다. 이 강의 발원지는 중국과 '강옥[13]과 보석의 섬Jazīrat al-Yāqūt wa-al-Jawhar'을 연결하는 강옥과 보석의 산맥Jabal al-Yāqūt wa-al-Jawhar이다. 이 둘은 고대 유라시아의 여러 신화와 스리랑카 등의 실제 지형에 관한 관념들이 합쳐져 변형된 지형이다.[14]

실체와는 관련이 없지만, 이 지도 위에서 이 강이 위치하는 지역을 실제 중국의 지형 속에서 찾아보면 광동성의 주강珠江이나 푸젠성의 민강閩江의 위치와 형태에 가장 가깝다. 다시 말해 적어도 중국의 중서부 티베트 고원에서 발원해 동쪽으로 흘러 동해안으로 빠져나가는 양쯔강과, 이 지도에서 중국 중북부에서 발원해 중남부로 흐르는 강은 서로 수천 킬로미터 떨어져 흐르고 흐르는 방향도 완전히 다르다.

보다시피 알-크와라즈미는 양쯔강을 비롯한 중국의 주요 강들을 알 수도 없었고 이에 대해 표기하지도 않았다. 때문에 주강, 민강, 양쯔강과 그 강들의 하구에 위치한 중국의 국제항들, 그러니까 무슬림들이 이미 진출한 광저우, 취앤저우, 항저우 등의 항구 위치들 역시 표기하지 않고 미상(위도와 경도 모두를 0도)으로 처리했다.

그러나 후대로 가면서 중국에 대한 경험과 지리 지식이 쌓인 무슬림 지리학자들이 알-크와라즈미의 지도 위 이 중국 해안의 남쪽 끝에 해당하는 지역을 양쯔강 하구로 간주하면서 문제가 불거졌다. 후대 무슬림들은 점차 중국의 서해안(실제 지형상으로 볼 때는 남해안)이 동서로 매우 길다는 것을

그림 11 알-마으문의 지구본 복원품. 지구본 제작에 참여했던 알-크와라즈미의 저작을 저본으로 제작(UAE 샤르자의 이슬람 문명박물관). 저자 촬영

파악했고, 적어도 양쯔강까지 중국의 해안선이 동북향으로 가로로 펼쳐졌다는 사실을 간파했다.

그리고 그들의 항로상의 종착점인 양쯔강까지의 해안을 중국 남해안(이자 서해안)의 끝으로 삼아 하나의 바다로 끊었다. 또한 그 너머 좀처럼 갈 일이 없는 보다 북동쪽(실제 지형으로는 서북쪽)의 해안(즉 남지나해와 동지나해)을 중국의 동해안(즉, 어둠의 바다이자 미상의 바다)으로 잡아 직각 형태에 가까운 해안 지형을 상정했다. 그리고 전통적으로 그들이 중국 지도에서 표기한 유일한 큰 강을 양쯔강으로 설정해버렸다.

즉 양쯔강을 경계로 중국의 땅과 바다는 반으로 나뉘고, 그 서쪽 바다는 인도양의 일부가, 동쪽 바다는 대양(즉 태평양과 대서양을 합친 바다)이자 시종점이 되었다. 그리고 이 경계가 만나는 지점인 중국 땅의 남단으로 흐르는 강을 양쯔강으로 만들어 버려 중국은 양쯔강의 좌우로 땅과 바다가 양분되었다. 다만 남해를 동쪽으로 보다 길게 늘려 실제 지형에 좀 더 가깝게 만들었다. 물론 실제 중국의 해안 지형은 동북향인 데 반해 지도 속 바닷가는 완만한 동남향이라 차이는 있다. 그리고 지도상으로는 동남쪽 모서리, 실제 지형에서는 양쯔강 하안부터는 새로 해안을 설정했다. 이 일대는 실제 지형에서 약간 서북향으로 흐르는데, 지도상에서는 거의 북향하도록 그렸다.

그러다 보니 무슬림들이 활동하던 중국의 항구, 가령 알-크와라즈미가 이름만 언급한 3대 항구와 이븐 쿠르다딥바도 이름만 언급한 4대 항구들이 모두 남해안에 위치하였다. 왜냐하면, 그 항구들은 실제로도 양쯔강에 도달하기 전에 있었기 때문에 그들이 알고 있는 녹색 바다, 즉 인도양에 속했다. 하지만 그보다 더 동쪽의 바다는 양쯔강 너머 미지의 바다, 즉 검은 바다가 되었다.

자연히 이븐 쿠르다딥바 이후로 양쯔강 기슭인 항저우에서 바다 건너 도착한다고 여겨진 신라는 녹색 바다의 종점인 항저우보다 동쪽에 위치했기에 검은 바다 가운데 자리하고 있었다. 또한 무슬림들이 설정한 중국의 남서 해안선이 남동향하는 방향을 그대로 적용했으므로 항저우의 북동쪽이 아니라 남동쪽으로 이동했다. 때문에 신라는 중국의 가장 남동쪽 모서리에서 남동쪽으로 더 들어가 바다 한 가운데에 자리하게 된 것이다.

즉 무슬림들의 세계에 있어 세상의 경계는 자신들의 활동지로서 알 수 있는 곳과, 활동지 너머 미지의 땅과 바다로 나뉜다. 즉 인도양과 암흑의 대양이, 대륙에서는 양쯔강과 그 하안의 삼각주의 도시(오늘날의 항저우와 양저우 일대)와 그 너머가, 그 동쪽 바다 위에서는 신라와 그 너머가 구분된다.

이러한 신라와 중국 해안선의 인식을 확인할 수 있는 사료 중 가장 오래된 것은 이슬람 세계에서뿐 아니라 전 세계에서도 최초로 신라에 구체적인 좌표를 부여한 알-비루니의『마스우디의 법칙서 Kitāb al-Qānūn al-Mas'ūdī』속의 위경도 도표다. 그는 중국의 해안선을 차례로 샤르구르 Shārghūr(즉 이븐 쿠르다딥바의 루낀龍編에 해당하는 오늘날의 하노이. 이곳은 후한의 13주(州) 중 현재의 광시, 광둥, 베트남 북부 일대에 해당하는 교주의 중심지였다)를 북위 15도, 동경 155도에, 칸푸 Khānfū(광저우)를 북위 14도, 동경 160도에, 칸주 Khānjū(취앤저우)를 북위 13도, 동경 162도에, 칸뚜 Khāntū(항저우)를 북위 11도, 동경 166도에 나란히 배열한 다음 신라를 북위 5도, 동경 170도에 배치했다.[15]

즉 그는 실제 지형으로는 동남아시아에서 취앤저우까지 동쪽으로 완만하게 북진하다가 취앤저우에서 북쪽으로 급히 꺾여 북동진한 다음 양쯔강 어귀부터 북서쪽으로 살짝 꺾이는 중국 해안선을, 동남아시아에서 취앤저우를 지난 양쯔강 연안까지 계속 남동진한 후 양쯔강에서 직각으로 꺾여 북쪽으로 수직으로 상승한다고 기술했다.

그래서 그는 이븐 쿠르다딥바의 서적을 참고하여 신라를 중국의 가장 마지막 항구인 항저우의 건너편, 즉 양쯔강 건너편에 두었고, 동남아시아에서부터 양쯔강까지 계속 동남 방향을 유지해온 해안선을 대륙 바깥 바닷속까지 그대로 연장해서 대양(인도양) 위 북위 5도 동경 170도에 배치한 것이다. 이러한 중국해-신라 해안선 구도는 알-비루니 이후 무려 500년 이상 이슬람 지리서에 일관되게 유지된다.

즉 신라의 좌표는, 그리고 중국 해안의 좌표는 그들이 직접 측정하거나 실제 항해자들의 경험담을 바탕으로 부여된 것이 아니라 앞서 그리스 지도의 뼈대에 이슬람 이전의 지리상 오류와 선대 이슬람 지도들 속에 드러난 지리상의 오류들을 새로이 발견한 지리 데이터로 갱신을 거듭하는 과정에서 전면 수정이 아닌 부분 부분을 덧대면서 발생한 오류의 흔적이 오롯이 반영되어 있다.

특히 신라의 좌표를 처음 기록한 알-비루니는 이렇게 그리스 지도뿐 아니라 인도와 페르시아의 지도와 지리관을 한군데 병기하면서 후대의 혼란을 가중시켰다. 그는 다양한 출처에서 수집한 지리 데이터를 한 권의 책에 모아 정리했지만 그 모든 출처를 명기하지 않았고, 일부 지역에 관한 설명의 경우 원자료에서 해당 지명을 발견했음에도 그 실체의 규명에 실패했기에 "거의 알지 못하는 지역"이라고 별도로 표기했다.[16]

때문에 후대의 작가들은 이 지명들의 출처나 정확도를 나름대로 추적해서 분류하기도 했지만, 반대로 이곳들을 다른 자료에서 찾은 다른 지명들과 한 지도에 뒤섞어 기입하기도 했고, 자신의 새로운 해석을 섞어 임의로 위치와 형태를 가공하고는 이 작업을 명기하지 않은 경우도 있었다. 심지어 서로 다른 두 지역의 위치를 뒤바꿔 놓기도 했다. 결국 후대로 가면서 각 지명들은 개별 자료의 출처에 따라 서로 다른 좌표를 가지게 되었고, 일부를 제외하고는 각각의 변형과 전승의 계보를 정확하게 확인하기 어려워졌다.

　다만, 역설적이게도 이러한 혼재 과정을 통해 신라의 위치와 특성에 관한 서사는 더욱 다양해지고 풍부해졌다. 예를 들어 항상 중국의 곁에서 비교 대상이었던 신라는 점차 지구 반대편 대서양 위의 섬, 카나리제도와 비교되기 시작해, 종국에는 세상에서 가장 멀지만 가장 닮은 일종의 쌍둥이 섬처럼 변화해 갔다.

제 4 장

세계의 양쪽 끄트머리, 카나리제도와 신라

제 4 장

세계의 양쪽 끄트머리, 카나리제도와 신라

12세기부터 이슬람 세계는 세 방향(유럽, 아프리카, 아시아)으로 각기 약진했지만, 동시에 세 방향(서, 남, 동)에서 밀려드는 도전에도 직면했다. 그 과정에서 최소 명목상으로는 아랍계가 수장으로 군림해왔던 이슬람 세계는 대부분 비아랍계 이슬람 왕조로 교체되는 대변혁을 겪는다. 즉 외래인과 토착 세력 간의 인적 교류가 활발해졌을 뿐 아니라 사회 내부에서도 위아래 계층 간의 혼입도 활발해졌다. 이는 이슬람 세계의 지리 관념이 보다 넓고 다양한 지평을 확보하는 계기가 되었다.

새로운 지배층은 자신들에게 유리한 새로운 이데올로기를 요구하고 그에 맞는 지리상을 요구했다. 새로운 시대상은 작가들에게 새로운 시대정신으로 세상을 달리 보는 방법을 제시하도록 유도했다. 뒤바뀐 정치적 경계에 따라 무역로도 변하고, 비슷한 생각을 형성했던 기존의 블록들은 해체되어 새로운 블록으로 재조립되었다.

이 과정에서 상이한 생각과 지식들이 모이면서 후대의 저자들은 이들 사이의 괴리를 절충하고 재창조해가면서 각 지리적 장소에 부여되었던 기존 관념을 해체하거나 수정했고, 또 새로운 성격과 의미도 부여했다.

신라 역시 이 시대를 기점으로 새로운 관념들을 부여받았다.

이를 보다 세분해서 보면 이슬람 세계의 가장 서쪽에서는 8세기 이후 이베리아반도를 지배해온 이슬람 왕조들로부터 기독교 세계의 국토를 회복하자는 레콩키스타Reconquista 운동이 성과를 보이기 시작했다. 이 유럽인들은 점진적으로 무슬림들의 영토를 잠식하다가 1492년에는 이베리아반도 전체를 탈환했다. 이후 남쪽으로 대서양 연안을 따라 아프리카 서해안으로 나아가 새로운 무역로를 개척했고 마침내 아프리카 남단까지 탐험한 후 여기서 희망봉을 끼고 돌아 동쪽의 인도양에 진출해 이 지역의 터줏대감인 무슬림 및 토착 세력들과 해안가 무역거점과 무역로를 두고 경쟁했다. 이어 서쪽으로 대서양 횡단에 도전해 신대륙까지의 신항로를 개척했고 마침내 신대륙마저 우회해 태평양마저 정복함으로써 인류 최초로 세계를 일주하는 항로를 완성했다.

중부 이슬람 세계에 해당하는 북아프리카 해안과 지중해 동해안(오늘날의 시리아, 팔레스타인-이스라엘, 레바논, 튀르키예 일대)으로는 십자군이 진격했다. 이들은 협소하지만 동서교류 활성화에 중요한 지점에 다양한 군소 국가(왕국, 공작령, 백작령 등)를 세워 약 200년간 주둔했다가 1291년 완전히 철수했다. 유럽 거의 전역에서 몰려온 기독교인들은 비록 이슬람 영역의 아주 작은 범위에서 충돌했지만, 당시 군소 군벌로 사분오열되어 있던 이슬람 세계의 통합을 촉진했고, 이집트의 왕조 및 종파 교체를 불러왔으며 중동에 잔존하던 기독교인들이 재부각시키는 등 몇몇 중요한 변화의 계기를 제공했다.

하지만 훨씬 더 극적인 변화는 이슬람 세계의 동부인 메소포타미아부터 이란 고원 및 중앙아시아 일대에서 벌어졌다. 무슬림들의 영역보다 동쪽에서 돌궐과 몽골 등의 기마병들이 진격해 온 것이다. 특히 몽골군은

500년 전통의 압바스조 아랍인 칼리파를 폐위시키고는 스스로 무슬림으로 개종해 새로운 혈통의 이슬람 국가가 탄생했음을 선언했다.

몽골제국은 이슬람 세계와 기독교 세계 모두를 휩쓸었다. 동아시아 대부분부터 중앙아시아 전역은 물론 유럽과 서아시아의 동부마저도 팍스 몽골리카Pax Mongolica 속으로 쓸려 들어가면서 이 드넓은 세계의 안팎은 직접적인 인적 교류와 지적 교류의 폭발적 증가를 야기했다. 더구나 이들은 지중해 동편의 무슬림들과 기독교인들을 점령했을 뿐 아니라, 서편에 있던 양대 종교의 유력자 사이를 오락가락하는 외교전을 펼쳤기에 결과적으로 기존의 국제 질서는 역동적으로 유동화되었다.

특히 몽골제국의 대규모 개종은 세계 종교 지형을 송두리째 바꿔 놓았다. 제국이 4대 칸국과 원나라로 분열되자 각 칸국의 군주들은 기독교나 무슬림 배우자들을 맞이하면서 전통의 텡그리교를 버리고 새 땅의 종교를 받아들였고, 그중 세 칸국(킵차크 칸국, 일 칸국, 차가타이 칸국)은 장기간에 걸쳐 하나씩 이슬람 국가로 변했다. 물론 이들 몽골계 이슬람 칸국들끼리는 – 십자군 전쟁에서 이슬람 국가들이나 기독교 국가들이 그랬듯 – 서로를 견제하기 위해서 기독교 세력들과 연합을 시도했고, 이는 또 다른 형태의 대륙 간, 또 문명 간 직접 교류의 활성화를 불러왔다.

그 덕분에 이 시대에는 소위 대大 여행가들의 기념비적 여행기가 폭발적으로 증가했다. 이탈리아에서 중국을 오간 마르코 폴로나 모로코에서 중국과 말리, 케냐, 안달루시아 등을 30년간 여행한 이븐 바투타를 위시한 여행가들은 국가나 종교기관의 사절로, 종교 순례나 선교사로, 사업이나 때론 정치적 망명 등을 위해 이전에는 정치군사적 이유 등으로 시도하기 어려웠던 초장거리 여행을 이루었고, 이를 기록으로 남기거나 구두로 여행지와 귀국지에 퍼트렸다.

동아시아의 정세 또한 판이하게 전개되었다. 고려의 전반기에 중국의 북쪽은 거란족의 요나라와 여진족의 금나라가, 남쪽은 한족의 송나라가 지배했으나, 후반기에 원나라가 남북을 통일하고 서쪽으로 진출해 이슬람 세계와 유럽 기독교 세력의 거의 절반까지 흡수함으로써 당시까지 인류 역사상 가장 넓은 영토를 경영했다. 원나라는 9차례의 끈질긴 침략으로 동쪽의 고려까지 복속시켰다. 이를 계기로 한국과 이슬람 세계와의 관계는 기존과는 판이한 국면을 맞이한다.

과거 무슬림들은 이국에서 온 상인, 망명객, 여행자 자격으로 신라와 고려를 방문했다. 하지만 고려가 원나라의 간섭기에 들어서면서 원나라에서 활동하던 무슬림들의 고려 방문은 주객이 아닌 상하 관념으로 변화하였다. 한족이 절대다수인 중국을 지배한 몽골인들은 중국처럼 거대하고 복잡한 국가를 경영하는 기술이 아직 부족했다. 또한 소수의 유목 문화 기반의 외래 지배자가 다수의 농경 문화 기반의 토종 피층민을 직접 관리하는 것에는 많은 문화적·제도적 차이에서 오는 충돌과 갈등의 소지가 많았다.

이에 몽골인들은 지배층인 자신과 피지배층인 중국인들 사이를 중재하며 중국과 그 이상의 땅을 관리할 전문 관료층이 필요했다. 이를 위해 발탁한 집단이 바로 색목인色目人이다. 문자 그대로 '눈의 색상이 다른' 이들은 한족이나 몽골인, 또는 고려인처럼 동아시아 몽골로이드Mongoloids(황인종) 계통이 아닌 코카소이드Caucasoids(백인종)인들이었다. 이들의 극히 일부는 유럽인들이었지만 대다수는 오랜기간 몽골이 다스리는 지역에서 제국을 경영하고 동서 아시아의 다른 세계 사이에서 교량 역할을 해온 무슬림들이었다.

몽골제국하의 무슬림들은 동아시아인들을 관리하는 공직에 대거 발탁되었고, 이들의 활동은 몽골제국 황제의 사위로 시호에 '충忠'자를 붙이며 충성을 바쳐야 했던 원간섭기 고려의 왕실에까지 영향을 미쳤다. 이들은 위로는 고려로 시집온 몽골 황제의 딸을 보좌하고 원 황실과 고려 조정 사이의 외교를 조정하는 것부터 아래로는 고려 광산 개발자나 개인 사업자, 성직자(회회사문回回沙門)로까지 활동했다.

대표적인 예로 덕수 장씨의 시조인 장순룡이 있다. 그는 원나라의 세조인 쿠빌라이 칸의 막내딸 제국대장공주(몽골명 보르지긴 쿠투루칼리미시)를 모시는 케링구로 고려에 파견되었다가 귀화 후 충렬왕에 의해 덕수 장씨 성을 하사받아 오늘날 3만여 덕수 장씨의 시조가 되었다. 또한 오늘날 40여 수 밖에 전해지지 않는 고려가요 중 '쌍화점'은 지금의 케밥 가게에 해당하는 고려의 만두 가게(쌍화雙花)'를 차린 회회 아비(무슬림 남자)가 고려인 처녀와 밀회를 나누는 장면을 노래하는데, 이는 고려의 생활상의 하나로 그려지고 있다.

게다가 고려에는 외국 무슬림뿐 아니라 고려 출신의 무슬림 개종자들도 있었고, 심지어 그중 일부는 원나라로 건너가 공무원으로 활동 후 현지의 무슬림 집단 묘역에 안장된 사례도 있다. 1985년 중국 광저우에 위치한 유서 깊은 모스크 회성사懷聖寺 경내의 '청진선현고묘淸眞先賢古墓'(무슬림 공동묘역)에서 고려 출신 무슬림 다루가치(원나라의 공무원) 라마단 빈 알라웃딘Ramaḍān bin 'alā' al-Dīn의 묘비가 발견되었다. 묘비는 라마단이 고려 출신 원나라의 다루가치로, 당시 고려에서 가장 먼 중국 땅인 광서도廣西道에서 근무한 후 이곳에 다른 무슬림들과 함께 묻혀 있음을 기록하고 있다.

즉 당시 고려인들에게 무슬림은 단지 먼 외국 땅에서 가끔 들르는 소수의 뜨내기가 아니라 고려와 원나라를 잇는 고위직의 일부이자, 고려에 귀화해서 가문을 이루는 명문가이고, 광산을 개발하고 음식점을 열면서 고려인들과 내밀하게 교류하는 상대였다. 심지어 고려인들도 개종을 통해 그들의 일부가 되거나 해외에서 공무원으로 활동하기도 했다. 즉, 원간섭기의 한-이슬람 관계는 앞서 신라는 물론 전기 고려와도 전혀 다른 수준에서 구축되었다.

이를 무슬림들의 입장에서 재해석 해보면, 이제 고려는 과거의 신라나 예전의 고려처럼 원거리의 이국이 아니라 자신들이 진출하고 활동하고 교류할 뿐 아니라 자신들의 일부가 되어 섞이기도 하는, 훨씬 더 밀접한 직접 교류의 대상이 되었다. 이렇게 변화한 관계가 반영되어 무슬림들의 원간섭기 이후 고려 관련 기록은 신라와 초기 고려에 대한 기록과는 양과 질적 측면에서 명확히 달라졌다.

앞서 보았듯 신라에 직접 들어간 이전의 무슬림들은 입국해서도 중국 내의 정치적 혼돈 등의 이유로 인해 신라 바깥의 세상과 직접 교류하기 어려웠지만, 이 두 시기의 교체로 인해 고려와 무슬림들 사이의 관계는 달라졌다. 하지만 고려 전후반기의 이슬람측 기록 모두에게서 공통적으로 발견되는 점은 무슬림들의 고려 입국 사례가 늘었을 뿐 아니라 이들의 입출국이 자유로워졌다는 점이다. 즉 신라로 들어간 무슬림은 (자발적이었다고는 하나) 나오지 않았지만, 고려에 입국한 무슬림들에 관해서는 그러한 기록을 발견할 수 없다.

즉 이슬람 세계, 특히 몽골 지배하에 동부 이슬람 세계는 이미 수백 년 전에 사라진 신라에 관한 지식만을 답습하던 관례에서 탈피하기 시작하였고, 중국 동쪽 바다 건너에 실제로 존재하던 (지금까지 신라 섬들이라고 불렸던) 한반도에 관해서 고려라는 이름으로 기록하기 시작했다.

당시 동부 이슬람 세계의 저자 일부는 여전히 신라에 관해서 기존의 정보를 확장하거나 경위도만을 간단히 표기하던 관행을 답습했다. 하지만 동시에 다른 이들은 신라를 대체해 들어선 새로운 국가인 고려에 관해 직접적이고 사실적인 정보에 기반한 풍부하고 상세한 기록을 남기기 시작했다. 이들의 고려 관련 기록이 신라보다 유독 상세하게 당대 시대상을 잘 반영하고 있는 이유 중에 하나는 앞서 보았듯 정보 수요의 출처가 달랐기 때문이다.

고려에 관한 정보는 무슬림 관료들이 직접 봉직하는 국가인 몽골제국에게 (일본 원정을 위한 여몽 연합군의 편성과 출정과 같이) 중요한 거점 협력 대상에 관한 정보다. 곧 군사작전을 함께 펼칠 대상에 관한 내역을 알아야 하는 만큼 당시 무슬림들에게 고려는 무역과 외교 이상의 정보에 대한 수요가 없는 신라보다 훨씬 높은 수준의 실상을 반영하는 정보가 필요했다.

또한 고려는 이미 사라진 신라와 달리 당시에도 현존하는 국가이기 때문에 그 실체에 관한 사실을 목격하거나 1차 경험자들의 전문을 바로 수집할 수 있었다. 대조적으로 신라는 오래전 원격지 무역의 대상이자 무슬림들의 이민지라고는 하지만 언제까지나 격오지이고 없어진 나라이기에 실질적 정보로서의 가치도 제한적이어서 새로운 사실을 보탤 동인이 적어져 갔고, 구체적인 사실의 확인 역시 오랜 기간에 걸쳐 여러 사람의 기억과 상상이 뒤섞이면서 모호해졌다. 따라서 고려가 들어선 이후부터 고려 멸망 직후까지의 그에 관한 기록들은 전반적으로 신라에 관한 과거 어떤 기록과 대조해도 질과 양면에서 압도적으로 풍부했다.[2]

이들 몽골 침략자로부터 지리적으로 멀찌감치 떨어져 있고 사회 지도층 역시 이방인 몽골과 달리 기존의 터줏대감인 아랍, 베르베르, 튀르키예인들이 주축이던 이슬람 세계 서부는 다른 사회적 현상을 겪었다. 몽골 치하에서 한반도와 붙어있는 동부 이슬람 세계와 달리 여전히 한반도가 머나멀고 과거의 저술 외에는 새로운 정보를 접할 기회가 적은 서부 세계는 한반도 내 세력 변화를 실시간으로 반영할 필요가 적었다. 특히 이 시기를 전후로 동아시아와 이슬람권 사이의 주요 해상 교류가 동부 이슬람권의 페르시아만 인근에서 서부 이슬람권의 홍해 인근으로 이동하면서 이슬람 세계의 권역별 동아시아에 관한 지식의 대상과 관심 영역 역시 분화와 변화를 겪었다.

게다가 몽골의 지배로 동부 이슬람권의 문화가 강제로 동아시아 문화와 뒤섞이면서 변질되자, 몽골군을 물리쳐 기존의 정치적, 문화적 연속성을 상대적으로 더 잘 유지했던 서부 이슬람권은 동부 이슬람권의 이질적인 변화에 대한 강한 거부감을 느꼈다. 때문에 서부 이슬람권은 여전히 자신을 위협하는 군사력과 더불어 기존 이슬람 문화를 흔드는 동부 이슬람권으로부터의 영향을 차단하고 자신의 정통성과 종주권을 강조하는 조치로, 종교적 해석을 보수적으로 좁혀 변질을 단속하고 그 교리 바깥의 속성을 이단시하며 비무슬림보다 더한 적이자 최우선 제거 대상으로 선언했다.

특히 이 몽골 지배자들은 제국의 확장 과정에서 유서깊은 이슬람 제국들을 차례차례로 해체시켰다. 토속 종교인 텡그리(하늘)교를 신봉하던 이들은 대다수 피지배민들과 같은 순니 이슬람으로 개종했다. 그중 압바스 조를 무너뜨린 자리에서 독립한 몽골 왕조인 일칸조Ilkhanate(1259~1335)는 이내 자신들의 라이벌인 서부 이슬람 세계의 순니파와 차별되는 시아파로 한번 더 진화했다.

이 과정에서 대부분이 순니파였던 서부 이슬람 세계의 무슬림들은 몽골 침략자들을 무슬림으로 인정하지 않음은 물론, 그들이 따르고 순니 이슬람 왕조를 정복하는 데 협조했을 것으로 의심되는 시아 무슬림들을 이교도들보다 더 위험하고 사악한 적으로 규정하였다. 그리고 이들이 오염시키고 있는 진짜 무슬림들, 즉 자신들이 따르는 순니 이슬람이 유럽과 동아시아의 이교도들로부터 승리를 거두기 위해 이슬람의 순수성을 회복해야 한다고 주장하며 초기 이슬람 시대로 회귀하자는 운동Salafism을 부르짖었다.[3]

이 서부 이슬람 세계에는 지리학에서도 점차 초기 이슬람 지리에 지대한 영향을 준 고전 그리스 지리학, 특히 프톨레미의 지식을 인용하는 구절이 늘어났다. 또한, 고대 그리스 지리에서 주요한 상징성을 지닌 행운의 섬Fortunate Isles, 즉 카나리제도가 서부 이슬람권의 세계지리에 보다 다양한 의미로 소환되기 시작했다. 이러한 변화는 동부 이슬람 세계에서는 발견되지 않았다. 다만 서부 이슬람 세계에서 창작한 신라 관련 항목을 동부 출간물에서 인용한 경우에서만 예외적으로 나타났다.

대서양의 카나리제도, 신라의 파트너로 등장

이같은 변화가 가장 선명히 드러나는 예는 뭐니뭐니 해도 세계의 동서 양극단에 자리한 신비의 두 섬, 신라와 카나리제도의 비교와 그 동화 과정이다.

처음 두 섬을 연결하려는 시도는 신라가 이슬람의 세계관에 주는 함의가 근본적으로 변화했음을 대변한다. 알-마그리비al-Maghribi(1286년 사망)는 13세기의 지리학자이자 시인, 역사가로, 이베리아반도 최후의 이슬람 왕조인 나스르조(1232~1492)의 수도 그라나다 인근에서 아랍 명문가 후손으로 태어났다. 스페인부터 북아프리카, 시리아와 팔레스타인까지 지중해 일대를 두루 돌아다니던 그는 메카에 핫즈(성지순례)를 다녀왔다가 튀니지에서 만년을 보냈다.

이렇게 이슬람 세계 서쪽 전역을 두루 살핀 후 작성한 그의 책 『지리Al-Jughrāfiya』의 첫 문단은 지구 형상의 전체적인 개요를 신라를 통해 설명한다. 그는 지구가 가로로 360도로 구성되어 있으며, 사람이 사는 곳은 서쪽 대양의 불멸의 섬들Jazā'ir al-Khālidāt(즉 카나리제도)부터 대양의 동쪽에 있는 신라까지 180도에 해당한다고 하였다.[4]

이는 신라에 관해 접근하는 무슬림 지리학자들의 패러다임이 완전히 전환되었음을 상징한다. 즉 과거 학자들에게 신라는 중국보다 먼 동쪽의 한 지점을 소개할 때 마지막에 덧붙이는 지역이지 세계의 전체 형상을 그릴 때 주요한 영역으로 소개하는 대상이 아니었다. 물론 신라는 여전히 중국으로 대표되는 동아시아 지역의 끝이자 중국의 건너편으로서의 의미도 내포했다. 따라서 알-마그리비는 지역별 섹션의 마지막에 중국을 소개한 후 그 너머의 대양을 소개할 때 다음과 같이 신라를 한 번 더 언급했다.

> 대양의 끝에는 신라 제도의 일부가 있다. 이는 마치 대양에 있는 카나리제도처럼 그 뒤로는 거주지가 없다. 하지만 이 섬들(신라)은 유인도이고 (자연의) 풍요와 (사람들의) 친절함이 있다. 또 이 바다의 끄트머리에는...[5]

이후 알-마그리비는 대양의 남쪽에 자리하는 은의 섬을 이야기하면서, 고대 그리스 지리학자 프톨레미가 이 은의 섬과 그 안을 흐르는 강에 관해 언급한 적이 있으며, 은의 섬 옆 동쪽에 야꾸트(강옥)섬이 있는데 그 섬 바깥의 바다에서 섬의 내부로 들어가는 커다란 산맥이 있다고 언급했다고 이야기했다. 이 섬은 프톨레미의 저서에 있을 뿐 아니라 상술했듯이 프톨레미의 지리서를 확장·수정한 알-크와라즈미의 지리서와 그 속에 삽입된 지도에도 자리한다. 그는 이 섬과 산에 다양한 보석이 많은 것이 마치 스리랑카와 바다에서 스리랑카로 들어가는 라훈산(스리랑카의 Pidurutalagala산, 정상부인 아담의 봉우리는 해발 2,524.13m)[6]에 다양한 야꾸트가 많은 것과 같다고 하였다. 또한 야꾸트섬의 끝은 적도에 이른다고도 언급했다.

즉 그는 180도로 구성된 세계의 동쪽과 서쪽 끝 지점에 신라와 카나리제도가 있다고 언급했다. 하지만 아직 마그리비는 후대 저자들과 달리 신라와 프톨레미를 엮지도 않았고, 신라가 적도 위에 있거나 특정 개수의 섬으로 구성되어 있다는 식의 구체적인 수치를 들먹이며 지형을 묘사하지 않았다.

다만 선대 무슬림 학자들의 견해처럼 친절한 사람들과 쾌적한 환경이 있다고만 묘사했고, 심지어 무슬림들이 살고 있다는 언급조차 하지 않았다. 다시 말해 신라와 카나리제도 사이의 공통점이라고는 아프로유라시아 대륙의 끝에서 미지의 대양으로 들어갈 때 마지막에 만나는 군도라는 점이다.

반면 이 세상의 양 극단에 선 두 섬의 가장 큰 차이는 동쪽과 서쪽이라는 점과 유인도와 무인도라는 정도이다. 본디 그리스 지리에서 카나리제도는 세상의 서쪽 끝 대서양의 격리된 바다 가운데 신화 속의 영웅들이 지내는 행운과 행복의 섬이다. 하지만 무슬림들은 자신들의 가치관과 우선순위에 맞게 옛 다신교도들의 설화 속에서 전설적인 영웅들이 쉬는 낙원의 지위를 현실의 무슬림들이 살고 있고 그 실체가 확인된 동쪽 반대편의 신라로 넘겨버렸다.

너희는 쌍둥이가 되어야만 해! 신라와 카나리제도

하지만 후대의 다수 무슬림 지리학자들은 신라와 카나리제도를 점점 비슷하게 만들어 가면서 이 둘의 상징적 의미를 보강해 나갔다.

알-마그리비보다 약 70년 뒤 맘룩조(1250~1517)의 양대 정치적 중심지인 시리아의 다마스커스에서 태어난 아랍 지리학자 알-디마슈키al-Dimashqī(약 1256~1327)는 그가 속한 지중해는 물론 당대까지의 이슬람 지리사에서 가장 풍부한 양의 동남아시아 도서 지역 지리와 역사, 신화에 관한 기록을 남겼다. 그리고 그는 전근대 아랍인 중 신라에 관해서 가장 길고 풍부한 서술을 다섯 섹터에 걸쳐 남겼다.[7]

그중 가장 중요한 서술은 다음 내용이다.

> (2세기 알렉산드리아의 그리스 지리학자 클라디우스) 프톨레미와 다른 이들은 이 바다(인도양)에 신라 제도라는 이름의 여섯 섬이 있다고 하였다. 이곳의 하천들에는 여러 종류의 야꾸트(강옥)와 자우하르(보석)들이 있다. 신라는 사람들이 거주하는 곳이다. 회자되기를, 그곳에 들어간 이들은 맑은 공기와 깨끗한 물, (주민들의) 아름다운 외모와 넘치는 친절을 보았기에 누구도 스스로 이곳을 떠나지 않는다.[8]

그는 스리랑카와 중국 사이의 인도양에 떠 있는 동남아시아의 여러 섬을 신라와 함께 묶어 소개한 최초의 저자였다. 구체적으로 그는 중국의 남해안에 해당하는 양쯔강과 아프리카 사이의 바다인 인도양에서 중국에 가까운 동쪽 바다에 여러 섬에 관한 구체적 이름, 즉 신라, 술라S[?]la, 야꾸트Yāqūt, 사바흐S[?]b[?]h, 알라위야Alawiyya라는 이름을 제시하였다.[9]

알-디마슈키가 신라를 카나리제도와 조응시키고 그 상징적 의미를 부여하기 위해서 노력한 흔적은 여러 곳에서 발견된다. 그에 앞선 모든 기록은 신라를 신라국Bilād al-Sīlī, 신라 섬Jazīrat al-Sīla, 신라 제도Jazā'ir al-Sīla, 신라국과 그의 섬들Bilād al-Sīla wa-Jazā'irha 등으로만 묘사되었을 뿐 구체적으로 몇 개의 섬으로 구성되어 있다고 특정하지 않았다. 예를 들어 알-디마슈키보다 한 세기 전인 1154년 알-이드리시al-Idrīsī(~1165)는 신라는 서로 인접한 여러 개의 섬으로 구성되어 있다고 했다. 그는 시칠리아의 지리학자이자 지구본 제작자로 이슬람 세계가 만든 최고의 지도를 제작한 것으로 평가된다. 그의 저서 『천애횡단 갈망자의 산책Nazhat al-Muštāq fī Ikhtirāq al-Āfāq』과 그 속에 삽입된 지도는, 신라를 포함한 지도 중에서 가장 오래된 사료이기도 하다.

대부분 한두 점의 필사본만 남은 초기 이슬람 저작과 달리 알-이드리시의 『천애횡단 갈망자의 산책』의 필사본은 삽입된 지도들을 보존한 채 20점 이상이 현전하고 있다. 이들은 필사 과정에서 약간씩의 변형이 가해져 8종류의 형태가 있지만 각 변형 과정의 계보가 추적 가능하다. 이 필사본은 각각 세계 전도만을 삽입했거나 세계 전도와 부분별 지역도를 함께 첨부했다. 신라는 세계지도에 등장하지 않지만 부분도에는 언제나 등장한다.

그의 지도는 과학적·수학적 이슬람 지리 전통에 따라 위도를 7개로 나눈 지역대 중 신라를 언제나 1 기후대에 자리시켰다. 그리고 각각의 기후대를 경도에 따라 10개로 나눈 지역 중 신라를 가장 동쪽인 10지역에 놓았다. 이 위치에서 신라를 구성하는 섬의 개수는 일관되지 않으며, 판본과 모본에 따라 각각 4개, 5개, 6개로 구성되어 있다. 하지만 적어도 알-디마슈키 이전에 나온 지도 필사본 중에서 신라가 6개의 섬으로 묘사된 사례는 없다.

즉 유실된 알-이드리시의 원본은 그가 남긴 글처럼 신라를 그저 여러 개의 섬으로 표현했다고 추정된다. 이 원본에 가장 적은 변형이 가했을 초기 계열의 필사본들 역시 신라를 6개로 묘사하지 않았다는 점이 이러한 추론에 힘을 보탠다. 즉, 신라를 6개의 섬으로 표시한 지도들은 오히려 필사가들이 신라를 6개 섬의 구성체로 기록한 후대 기록들 속 관념에 영향을 받아 섬의 갯수를 6개로 조정했을 가능성이 높다.

이와 달리 알-디마슈키는 6개의 섬으로 구성되어 있다고 주장했지만 그 근거나 출처를 제시하지는 않았다. 하지만 그가 카나리제도와 신라의 공통점을 제공하려고 적극 노력한 점으로 미루어 볼 때, 신라를 6개 섬의 구성체로 변형시킨 이유는 후술할 여러 정황에 비춰보면 선대 무슬림들이 총 6개의 섬으로 구성되었다고 묘사한 카나리제도의 구조와 짝을 이루기 위한 것으로 추정된다.[10]

그림 12 알-이드리시의 원형 세계지도(옥스퍼드 보들리 도서관, MS Arab. C. 90, fols. 27B-28A)[12]

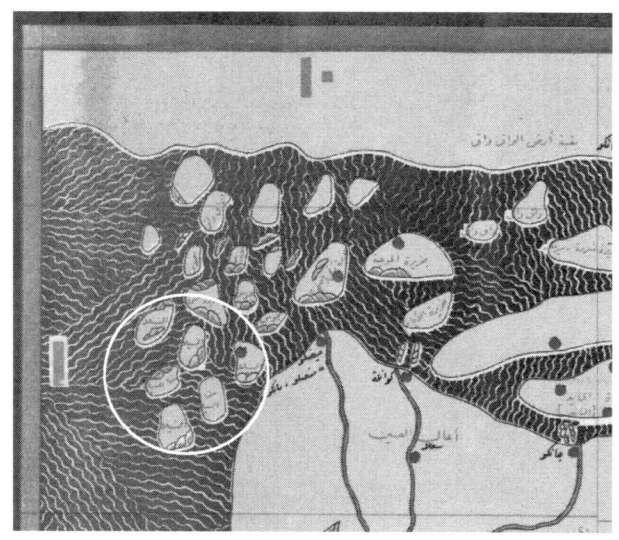

그림 13 알-이드리시의 지도 속 중국과 신라 일대: 남북이 반전되어 있다. 중국의 해안선이 서북쪽에서 남동쪽으로 이어지다가 양쯔강 일대에서 수직으로 꺾여 있다. 지도상에 동그라미로 표시된 6개 섬이 신라다
(Baghdad의 Mata' al-Misaha가 1951년 복원해 소장했으나 현재 소실됨).[13]

별다른 근거 없이 신라에 관한 자신의 새로운 주장을 보강하기 위해 알-디마슈키는 지식의 출처로 그리스의 지리학자 프톨레미를 내세웠다. 이는 전술했던 알-마그리비를 비롯해 그의 선조들이 프톨레미를 인도양의 여러 도서 지역에 관한 지리 지식의 출처로 내세웠던 패턴과 비슷하지만, 그 함의는 완전히 다르다. 왜냐하면, 기원후 2세기에 이집트에서 프톨레미가 활동하던 시기는 아직 신라라는 국호도 정해지지 않았기에, 그가 신라를 언급했을 가능성은 전혀 없기 때문이다. 그런데도 알-디마슈키는 당시 아랍 지리학자들에게 가장 큰 권위를 가진 프톨레미를 지식의 근거로 제시해 신라에 관한 그의 지식에 설득력을 부여하고자 했다.

알-디마슈키는 신라와 서쪽 끝의 카나리제도를 연계하는 동시에 정

반대 동쪽 끝에 위치했지만 신라보다 훨씬 더 남쪽에 자리한, 기존 저술들 속에서 자연과 인문환경이 판이한 동남아시아 섬들과 신라를 연동하기 시작했다. 그는 당시 무슬림들이 본격적으로 진출하기 시작한 술라웨시섬Sulawesi과 사바섬Sabah Islands 같은 실제 동남아시아에 있는 주요 섬과 지역들을 소개하는 과정에서 처음으로 신라를 이 섬들과 한데 엮어 소개하기 시작했다. 이는 과거 신라가 언제나 중국과 함께 소개되고 동남아시아의 섬들은 따로 분류되었던 경향과 분명 궤를 달리한다.

좀 더 자세히 들여다보면 그는 선대의 저술에 관련 기록은 있지만 구체적인 실체가 불분명한 알라위섬(4번째 칼리파 알리를 따르는 시아파들의 섬)과 야꾸트섬(신화적 성격이 다분하고 알-크와라즈미의 문헌에서 처음 등장하는 섬)을 실존하는 신라, 술라, 사바섬과 함께 묶어 인도양의 동편인 중국해와 암흑의 바다의 경계에 있는 섬들이라는 카테고리 안에 넣었다.

알-디마슈키가 이를 의도했든 아니든 이 동남아시아 섬들이라는 분류 속에 신라가 속하게 된 것은 독자와 후대 저술가들이 신라를 중국 앞바다에 있던 섬에서 동남아시아에 인접했다고 인식하는 데 기여했고, 이 섬들 사이의 인식이 서로 전이됨으로써 후대 저술가들이 혼동하게 만들었다.

예를 들어 과거 선학들 대부분이 신라의 황금만을 강조한 데 반해 알-디마슈키는 강옥(야꾸트Yāqūt)과 보석(자우하르Jawhar)이 많다고 언급했고, 이는 결과적으로 여러 중세 후기 무슬림들이 앞서 여러 번 다뤘던 '강옥과 보석의 섬'과 신라를 혼동케 한 것이다. 마찬가지로 알-디마슈키는 술라가 세 개의 섬으로 이루어져 있고, 누구든 술라에 들어오면 그 즐거움 때문에 정착한다고도 기술했다.[13] 술라에 도착한 모두가 즐거움으로 인해 떠나지 않는다는 이러한 관념은 과거 이슬람의 동남아시아에 관한 기록에서 단 한번도 등장하지 않는 표현으로 명백히 신라에 관한 관념이 전이된 것이다.

알-디마슈키가 신라와 동남아시아의 섬들 사이의 관념적 융합과 전이를 야기했다면 비슷한 시기에 같은 이집트에서 활동했던 알 누와이리 Shihab al-Din al-Nuwayri(1333년 사망)는 신라에 시아 무슬림들이 망명했다는 새로운 설을 제시했다. 역사학자이자 맘룩조의 관료로 활동했던 그는 1314년 무렵 9,000쪽에 달하는 백과사전 『박학의 기술에 관한 궁극의 야망 Nihāyat al-'Arb fī Funūn al-Adab』에 신라에 관해 다음과 같은 기술을 남겼다.

> 말하길, 중국에서 동쪽 방향에 여섯 개의 섬이 더 있는데 신라라고 불린다. 말하길, 그곳에는 알리의 족속(이슬람 시아파)이 살고 있는데, 우마위야의 족속(순니파)을 피해 그곳에 정착했다고 한다. 그리고 전하길, 신라 섬들에는 외지인이 들어가서는 삶에 고난이 있더라도 그곳의 맑은 공기와 깨끗한 물 때문에 자발적으로는 그곳을 떠난 이들이 없다 한다.[14]

사산조의 후예들이 아랍군을 피해 동쪽으로 이동했다는 기록은 이슬람 초기부터 나타나기 시작했다. 또한 무슬림들은 정치적으로 패한 시아파들이 순니파들을 피해 동쪽으로 피난을 갔다고도 전했다. 이 시아파들의 동방 피난 이야기는 이제 무대를 신라로 옮겼는데, 이는 마찬가지로 새롭게 도입된 관념인 여섯 개의 섬으로 구성된 신라 서사와 함께 등장했다. 즉, 신라에 관한 기존의 대표적 고정 관념인 무슬림들의 신라 영구 정착과 보다 후대에 동남아시아에 관한 관념으로 아랍 정복자들에게서 피신한 사산조 페르시아인 또는 순니 무슬림들에게서 피신한 시아 무슬림들에 관한 관념이 뒤섞이며 변형되어 신라로 간 시아 무슬림들의 영구 정착으로 재탄생한 것이다. 그리고 이러한 새 관념들은 후대에서 누차 반복

재생된다.

지금까지 섞이지 않고 따로 전해졌던 신라에 관한 관념들이 섞이고 있다는 것은, 당시 신라를 포함한 여러 다른 저술들이 이집트에서 함께 유통되어 읽히고 정리되는 과정에서 하나의 대상에 관한 여러 관념을 그 출처에 따라 각각을 구분하지 않고 한군데 뒤섞기도 했음을 보여준다.

반면 동시대 같은 맘룩조를 위해 봉직하면서도 이집트보다 동쪽에서 활동했던 아부 알-피다Abū al-Fidā(1273~1331)는 자신이 수집한 각 정보를 지리적 대상별로 정리하되 각 정보의 출처를 철저히 구분해 이를 각 지역에 대한 개별 정보에 병기했다. 쿠르드인 지리학자이자 역사가면서 이집트 맘룩조의 시리아 하마 지역 영주로도 봉직한 그는『제국목록Taqwīm al-Buldān』에 후기 이슬람 저술 속 신라에 관한 관념이 바뀌는 과정에 관한 의미있는 단서를 남겼다.

이미 맘룩조에 의해 멸망했으나 얼마 전까지 이집트와 시리아 일대를 다스리던 아유브조의 왕족 가문 출신이었던 그는 어린 시절 꾸란과 과학 공부에 심취하다가 열두 살부터 십자군 전쟁에 참전해 마지막 십자군 잔여세력이 저항하던 트리폴리, 아크레 등지를 탈환하는 전투에 참여했다. 이후 맘룩조의 임명으로 당시 동서 이슬람 세계와 이슬람 기독교 세계의 최전선이던 하마 지역 총독이 된 알-피다는 이후 술탄 직위를 받았다.

이처럼 각지의 무슬림들이 충돌하고 공존하던 소용돌이 가운데서 아부 알-피다는 알-비루니의『마스우디의 법칙서』와 같은 무슬림 선학들의 저작뿐 아니라 이슬람 이전의 고대 문헌들로 중세 이슬람 저작에서 자주 인용된 고대의 그리스(프톨레미 등)의 자료도 참조해서 세계 각지의 경위도와 주요 특징을 그의『제국목록』에 모았다.

각 자료의 출처를 제시한 이 책은 신라에 관한 자료의 출처를 앞 장에서도 다룬 알-비루니의 『마스우디의 법칙서』로 밝히면서 신라를 동경 170도, 북위 5도에 위치한다고 소개했다. 그리고 신라가 주로 '실리'로, 때론 '슬라'라고도 표기되며, 중국의 가장 끝에서 동쪽에 위치하고, 거기로의 항행이 적다고 표기했다. 이는 200년 전에 극도로 먼 지역에서 생산된 이슬람 지리 문헌이 전쟁들과 전염병 대유행(흑사병)을 딛고도 내용의 왜곡 없이 유통되었고, 이를 정확히 기록해서 재생산하는 저술 활동이 지속되어 왔음을 보여준다.

또한 그의 『제국목록』은 알-마그리비의 묘사와 마찬가지로 (세계를 감싸는 대양의) 서해에 불멸과 행운의 섬Jazā'ir al-Khālidāt wa-al-Sa'ādāt(즉 카나리제도)들이 있듯이 이 섬들(신라 섬들)은 (세계를 감싸는 대양의) 동해에 있다고 하였다. 그리고 신라 섬들은 '불멸과 행운의 섬들'과 달리 풍요롭고 축복받은 유인도라는 설명도 반복했다.

그의 저술에서 가장 주목할 부분은 처음으로 신라와 고려, 고구려라는 지명을 함께 소개했다는 점이다. 그는 신라에 관한 항목을 넣은 페이지를 네 칸으로 나눈 다음 고려에 관한 항목을 담은 칸과 신라를 다룬 칸을 나란히 병기했다. 그리고 고려에 관한 정보의 출처를 오늘날에는 소실된 (11세기에서 13세기 사이의 어느 시기에 집필된 것으로 추정되는) 페르시아의 지리서 『페르시아인들을 위한 경위도서Kitāb al-Aṭwāl wa-al-'Urūḍ li-al-Furs』로 소개했다. 그는 이 페르시아 서적에서는 신라를 찾지 못하고 고려만 발견했고, 반대로 신라에 관한 정보의 출처에서는 고려를 찾을 수 없었다.[15]

이례적으로 이 페르시아어 원사료는 고려와 함께 사라진 지 적어도 400에서 600년 이상 지난 고구려라는 이름을 등장시켰다. 더구나 이 책은 고려와 고구려를 다른 나라로 구분하지 않고 두 개의 이름이 있다고만 언급했다. 고구려가 668년 멸망했지만, 늦어도 5세기 초에 국호를 고려로 개명한 점을 감안하면, 고구려라는 국호는 약 600에서 800년 전 국가의 이름이다.

하지만 고구려가 멸망 후에도 옛 고구려 터에서 고구려를 계승했다고 천명하며 발흥한 발해와 이를 이은 고려가 외교 문서 등에 고구려라는 이름을 사용한 예가 있다. 반대로 주변국들 역시 발해와 고려를 고구려로 칭한 예가 있는 만큼 고려와 고구려라는 이름을 함께 소개한 사실 자체는 문제될 것이 없어 보인다. 오히려 이 저자가 고구려보다는 발해나 고려에 관해 기록할 때 고구려라는 옛 국명을 사용하기도 했다는 것을 인지했을 수도 있다.

특히 이 저서가 11세기 이후에 발간되었음을 고려한다면 이미 10세기에 창건해 무슬림들과 수도까지 빈번한 왕래를 포함한 직접적 교류관계를 강하게 지속했고 그 사례들이 『고려사』를 비롯한 한국의 공식 사서에도 여러 기록이 있는 만큼 적어도 동부 이슬람 세계에게 고려라는 이름과 존재는 익숙하고 또 나름의 중요성을 지녔다고 보는 것이 더 타당하다.

이 페르시아 사료가 소실되어 정확한 내용을 추정하기는 어렵지만 제목과 내용을 볼 때 알-비루니와 아부 알-피다의 저서처럼 지즈제(경위도표)를 정리한 책이라는 점은 이론의 여지가 없다. 이 책에서 저자는 고려를 단독 항목으로 소개한 것이 아니라 카주Khajū라는 중국의 한 지역에 대한 이해를 돕기 위한 참고 주석에 언급하고 있다.

아부 알-피다에 따르면 카주는 『마스우디의 법칙서』에는 언급되지 않지만 『페르시아인들을 위한 경위도서』에 8줄에 걸쳐 소개되어 있다.

> 또 카주는 중국의 북쪽 제5 기후대에 위치하며 동경 118.3도 북위 42도에 자리하고 있다. 몇몇 목격자가 말하길 카주는 중국의 큰 도시 중 하

나이자 주요한 중국 동부의 성省 중 하나이다. 카주는 키타이(중국 서부 내륙지대)와 고려 사이에 위치하며 칸발릭(즉 북경)까지는 도보로 15일이 소요된다.[16]

또한 『제국목록』은 카주 항목과 신라 항목 사이에 잠쿠트Jamkūt라는 항목을 두었다. 이 잠쿠트에 관한 내용은 『마스우디의 법칙서』과 『페르시아인들을 위한 경위도서』[17] 모두를 참조하였는데, 두 책 모두 적도위 동경 190도상에 위치한다고 하였다. 즉 『제국목록』은 한 지명이 복수에 출처에 모두 나오면 자료들의 목록을 밝히고 개별 자료에 나오는 데이터를 구분해서 기록하였다.

『제국목록』을 보면 신라에 관한 내용은 『마스우디의 법칙서』에만 나올 뿐 『페르시아인들을 위한 경위도서』에는 나오지 않는다. 하지만 『마스우디의 법칙서』에는 발견되지 않는 신라에 관한 경위도 이외의 설명도 함께 등장한다. 서해의 '불멸의 섬'처럼 신라는 동해상에 있는 제도이지만, '불멸의 섬'과 달리 물자가 풍부하고 민심이 좋은 유인도라고 강조하고 있는데, 이는 분명 알-마그리비나 이후 저자들의 저작을 참조했거나 이를 일부 확장해서 덧붙인 내용이다.

즉 『제국목록』은 출처를 모두 밝힌 것이 아니라 선별적으로 제시하고 있다. 경위도의 경우 대부분의 출처를 밝혔다고 보이지만, 지명을 표기한 방식이 여러 가지일 경우 개별 사료들이 어떤 표기법을 따르는지를 밝히는 대신 "우리는 … 또는 … 또는 … 이라고 (사료들에) 기록된 사례들을 발견했다" 정도로 넘겼다. 또 여타 부가적 설명을 발견했을 경우 그 출처를 소개하지 않고 넘어가기도 했다.

이 사료에서 하나 더 주목할 점은 13세기 전후에 페르시아 일대에서 작성되었을 것으로 추정되는 『페르시아인들을 위한 경위도서』가 고려를 경위도와 함께 독립 항목으로 소개하지 않았으며 신라를 전혀 다루지 않았다는 점이다. 이는 신라에 관한 경위도를 아주 높은 확률로 『마스우디의 법칙서』 등을 통해 입수했던 당시 동부 이슬람 세계가 신라를 생략하는 대신 고려를 더 중요시했을 가능성을 시사한다. 왜냐하면, 그들에게 고려는 북경을 비롯한 중국의 지리 이해에 도움이 되지만 신라는 더 이상 그러하지 않았기 때문이다.

이보다 후기 이집트의 박학가이자 수학자, 관료였던 알-깔까샨디Shihāb al-Dīn al-Qalqashandi(1355 또는 1356~1418)는 그의 백과사전 『야맹증을 위한 일출Subḥ al-A'shá fī Ṣinā'at al-Inshā'』에서 신라에 관해 두 차례 기록을 남겼는데, 그 내용은 아부 알-피다의 그것과 크게 다르지 않다.[18]

그와 비슷한 시기 이집트에서 활동한 역사가이자 정부 관료였던 알-마끄리지(1364~1442)는 성지 순례와 공무 수행 등을 위해 메카에 다마스커스 등을 순방하면서 교육과 설교 등의 활동을 벌였다. 역사와 골동품 연구에 심취했던 알-마끄리지는 그가 수집한 다양한 사료와 전문 등을 바탕으로 200권이 넘는 저술을 집필을 한 것으로 유명하다.

그는 『신 정착지와 유적지에의 해설과 학습al-Mawā'iz wa-al-I'tibār fī Dhikr al-Khiṭat wa-al-Āthār』에서 신라와 카나리제도 모두 유인도지만 신라가 보다 우월한 지위를 획득했음을 다음과 같이 직접적으로 확증했다.

> 불멸의 제도(카나리제도)는 여섯 개의 섬으로 사람이 살지만 (이들은) 야만인(무타와히쉰) 종족이다. 반면 중국 곁의 동쪽 끝에는 신라 섬들이 있다. 알라위인들 일부가 이슬람 초기 살해당할까 두려워 신라 (땅)에 내렸다고 전해진다.[19]

또한 그는 다른 출처를 인용해 다시 한번 신라가 최고로 좋은 국가이자 최상의 금이 가장 풍부하다고도 전했다.[20]

이처럼 무슬림들은 과거에는 없었던 신라와 불멸의 섬 사이의 관계를 지어 나갔다. 최초의 기록은 출처가 다른 기록들을 토대로 세계의 전체적 형상을 소개할 때 동쪽의 끝과 서쪽의 끝의 두 섬이 있다 정도였지만, 후대로 갈수록 이들 사이의 유사점을 중심으로 점점 관계를 형성하며 비교하기 시작했다. 그리고 종국에는 신라가 카나리제도보다 훨씬 낫다는 점을 일관적으로 강화해 나갔다.

각 저술의 저자는 신라가 카나리제도를 압도해 가는 과정에 있어 무슬림들의 자발적 영구 정착지가 신라라는 점이 영향을 주었다고 노골적으로 밝히지는 않았다. 그렇지만, 과거에는 없던 신라의 장점을 추가하고 부각한 후 이에 대한 강조가 점증되는 과정에서 (사실이 아닌 프톨레미의 언급 등을 제외한) 새로운 자료의 발굴이나 근거가 제시되지 않았다는 점을 미루어 볼 때, 점증적으로 신라의 비교 우위가 강화되는 이유에 신라에 무슬림들이 행복하게 살고 있다는 관념이 직간접 영향을 주었을 것이라는 추정이 유력하다고 볼 수 있다.

굴러온 돌 신라, 동경 180도를 차지하다

이후 신라에 관한 이슬람 저작들의 내용은 경위도에 관한 내용을 제외하고는 특이한 경향이 발견된 사례가 없다. 즉 기존의 관념들은 그대로 유통되었고 이는 전체적으로 그대로 답습되었을 뿐 후대의 저자가 새로 창조적인 발상을 적용하지는 않았다. 하지만 적어도 경위도만큼은 새로운 면모가 나타났다.

먼저 알-마그리비가 제시했던 동경 180도와, 알-비루니가 제시했던 동경 170도 북위 5도가 합쳐진 동경 180도에 북위 5도라는 새로운 좌표가 등장한다. 이 좌표는 위도의 측면에서 과거의 값을 그대로 활용하였을 뿐 발전한 것이 없다. 당시 이슬람 천문학이 폭발적으로 발전하면서 세계 최고의 경지에 이른 것을 감안한다면, 이 좌푯값은 후대 무슬림들이 사실상 신라에게 정확한 좌표를 부여하는 것을 시도하지 않았지만, 동경 180도라는 다분히 인위적이고 상징적인 값을 부여함으로써 신라가 무슬림 지리가들에게 과거보다 더욱 상징적인 대상이 되었음을 방증한다. 이를 입증하려면 보다 긴 설명이 필요하다.

신라가 동경 180도 북위 5도로 나타나는 가장 이른 시기의 기록은 15세기 페르시아 천문지리학자이자 수학자인 기야슷 딘 알-카시Ghiyāth al-Dīn al-Kāshī(약 1380~1429)의 천문도표이다.[21] 알-카시는 15세기를 전후해 서아시아와 중앙아시아 일대를 석권한 티무르 왕조 궁정으로부터 초청받아 카간의 천문도표Zij al-Khaghani를 발간했다.

티무르 왕조는 칭기즈칸에 비견될 정도로 무패의 군주이자 엄청나게 잔혹한 초대 군주 티무르(재위 1370~1405)의 이미지로 대표된다. 반면, 4대 군주 샤 루흐Shah Rokh(재위 1409~1447) 이후 여러 내란과 외침에도 제국의 멸망 직전까지 대다수 군주들이 예술과 과학의 발전에 전폭적인 지원을 통해 세계적인 문화 강국을 이룩하기도 했다.

특히 스스로 군주이자 과학자이고 역사가이기도 했던 그의 아들 울루그 벡Ulugh Beg[22]은 1409년 사마르칸트의 총독으로 부임하면서 티무르조의 과학과 문화 중흥에 크게 이바지했다. 그가 1421년 준공한 과학원Ulug Beg Madrasa과 1429년 완성한 세계 최대의 천문대를 통해 사마르칸트는 명실

상부한 세계 천문학의 최고봉에 올랐다. 이 과학원은 중동 전역뿐 아니라 세계 각지에서 학자들을 초청했고, 과학원과 천문대로는 각지에서 운집한 학생들이 쇄도했다. 알-카시 역시 1414년부터 이 과학원에 참여했고 이곳에서 과거의 천문도표들을 개량해 당대 최고로 평가받는 천문도표를 펴냈다. 이 도표는 당대 가장 정교한 경위도를 제공하기도 했지만 신라를 포함한 일부 지역은 과거의 상징적인 좌표들을 그대로 인용하거나 측량과는 관계없는 새로운 값 역시 일부 부여했다.

때문에 알-카시의 도표에는 신라뿐 아니라 과거 천문도표와 지도에서 등장했던 상징적인 지명들이 대거 등장한다. 하지만 그는 과거의 자료들이 제공했던 좌표들을 검증해서 새로운 값을 부여했고 이 새로운 좌표는 이슬람 세계 내에서 상징성을 누가 획득하고 상실했는지를 보여주기도 한다. 대표적으로 알-카시는 알-비루니가 적도 위 동경 190도에 놓았지만 그 실체를 모르겠다고 표기한 잠쿠트를 동경 176도 북위 5도에 놓았다. 그리고 알-비루니는 기록하지 않았지만 다수의 페르시아 지리학자들이 잠쿠트의 다른 이름으로 이해한 캉디즈Kangdej, کنگدژ23를 적도 위 동경 180도에 놓았다. 그리고 이 둘 사이에 신라를 동경 180도 북위 5도에 있다고 기록했다.24

즉 그는 알-비루니가 세상의 동쪽 끝 180도를 넘어 190도에 놓은 잠쿠트에게서 세상의 동쪽 끝이자 적도 위라는 상징적 지위를 뺏고 176도라는 애매한 자리를 주었다. 반면 일부 페르시아 신화에서 중요한 상징성을 지닌 캉디즈에게 가장 상징적인 적도 위 동경 180도를 주었다. 반면 신라는 이미 주어진 위도를 유지하되 경도를 180도로 보내 카나리제도의 파트너로서의 성격을 유지, 강화시켰다.

신라의 상징적 지위를 강화하기 위해 일부러 기존의 170도에서 훨씬 동쪽에 치우친 180도를 주었다는 점은 중국과 신라의 좌표 변화를 통해서 드러난다. 과거 항상 신라와 함께 소개되면서 가장 가까운 육지로 등장한 중국 항구들의 위치와 지형이 크게 변하지 않았지만, 신라는 그들과의 상대적 거리가 대폭 멀어지면서 단독으로 동쪽 바다 깊숙이 이동했다. 즉, 알-카시가 거리측정이나 항로의 변화 등과 같이 과학적 근거나 실질적 이유 - 즉 상징적인 요인 이외의 요소 - 로 인해 신라를 중국으로부터 훨씬 더 격리할 필요는 없었다. 따라서 이러한 전폭적인 이동은 신라가 세상 동쪽의 끝이자 카나리제도에서 정확히 지구 반대편에 있다는 것을 확정하고 그 성격을 강화시키기 위한 장치라고 해석이 가능하다.

보다 후대에, 이와 같은 신라의 경위도를 그대로 수용한 기록이 인도에서 나타난다. 인도 무굴제국의 대재상이자 역사가, 번역가인 아부 파즐(1552~1602)이 만년에 발간한 『아크바르 나마 Akbar Nama』는 알-카시가 적도 인근 지역 가장 동쪽 지역 세 지역으로 기록한 잠쿠트, 신라, 캉디즈의 좌표 일체를 그대로 옮겨 적었다.[25]

이는 알-카시가 절충한 신라의 성격, 즉 실체적이고 과학적인 면에서 알-비루니가 제시했던 북위 5도라는 좌표와, 상징적인 면에서 여러 무슬림들이 제시했던 불멸의 섬들의 대칭적 파트너로서 동경 180도라는 두 가지를 절묘하게 조합한 정의가 후대에도 받아들여지고 있었다는 것을 방증한다.

또한 이것은 잠쿠트가 사실상 힌두 지리서의 야마코티에서 비롯되어 페르시아 번역가들에 의해 아랍 무슬림들에게 소개되었지만, 아랍어화를 거쳐 야꾸트라는 이름을 얻고 난 후 압바스조 이래 주로 그리스의 프톨레미 계열의 조도에서 등장하고서는 더 이상 페르시아의 세계관을 상징하는 지리적 요소로서의 지위를 유지하지 못했다는 점을 보여준다. 그도 그

럴 것이 알-비루니조차 이 지명을 힌두 지리서와 페르시아 번역서에서 찾아내어 자신의 저서 두 권 이상에서 인용했지만, 이 섬의 정체를 밝히는 데 실패했던 것에서도 드러난다.

한편 잠쿠트섬은 이후 야꾸트, 자우하르, 이 둘을 합친 야쿠트와 자우하르, 또는 각각의 복수인 야와키트Yawāqīt나 자와히르Jawāhir와 같은 형태로 서부 이슬람 세계지리서나 지도 일부에 거대한 형태로 등장한다. 잠쿠트섬은 스리랑카와 함께 인도양에서 가장 거대한 섬으로 각각 중국과 인도의 동남쪽 인근 바다에 위치한다. 이 섬은 중국 내륙에서 발원해 동쪽으로 바다를 건너 섬의 해변 전체를 에워싸는 잠쿠트산맥을 통해 연결되어 있다. 하지만 드물게 몇몇 기록과 지도는 이 섬이 중국 동북부나 더 북쪽 지역의 바다 건너에 작은 섬으로 표기된다. 또 극히 일부는 대륙과 산맥으로 연결되지 않은 채, 중국에서 아주 멀리 떨어져 대양 가운데 거대한 섬으로 홀로 자리한다.

반면 이슬람 세계 동부가 점차 페르시아계 왕조의 지배를 받거나 페르시아적인 문화가 민중 사이에서 활성화되면서, 페르시아 고유의 신화에서 모티브를 딴 캉디즈섬이 가장 핵심적인 좌표인 동경 180도와 적도를 차지하게 되었다. 그러나 이 섬은 카나리제도와 연동해 지구 양켠에 자리한 표물로서 기능한다는 서술도 없고, 6개의 섬으로 구성되어 있거나, 무슬림들이 이리로 도망쳐 왔다는 식의 서술도 나타나지 않는다. 즉 지구양 끝에서 카나리제도와 균형을 이루는 섬은 오롯이 신라의 몫인 것이다.

이 세 지명들은 각기 다른 문명권에서 유래해서 전혀 다른 역사적 배경을 지니고 있지만 결국 시대가 변화될 때마다 서로 자리를 번갈아 가며 세상의 동쪽 끝을 차지했다. 그중 역사적 실체에 바탕을 둔 존재는 오직 신라뿐이며, 무슬림들의 이민과 같은 실제 사건을 담은 곳 역시 신라가 유일하다. 그리고 그리스 지리에서 유구한 본초자오선이자 고대 신화의 배경으로 활약한 카나리제도와 연계해 지구의 양 끝을 장식하는 마지막 장소 역시 신라의 몫이다.

중세에도, 또 최근까지도 우리는 몰랐지만, 무슬림들이 한국을 통칭하던 신라는 그들에게 동아시아에서 가장 중요한 양대 경제 파트너이자 외교상의 주요 관심 대상이었다. 이슬람 신학 역사학을 구성하는 주요 요소이자, 그들의 이슬람적 세계지리관을 완성하는 핵심 표물이었다. 또한 이슬람 천문지리도표를 완성하는 데 꼭 필요한 지표였으며, 외래 고대 지리와 그들이 발견한 당대 지리를 연결하는 연결고리였다. 동시에 중국에서 고초를 겪거나 분파분쟁에서 밀려난 무슬림들의 훌륭한 피난처가 되기도 했다.

나가며

　이슬람 세계 전역에는, 특히 동부에는 발굴을 해두고도 아직 해독하지 못한 채로 수장고 속에서 먼지만 쌓여가는 필사본 두루마리들이 세상에 공개된 사료들보다 훨씬 많다. 앞으로 이 사료들 사이에서 기존에 해석을 마친 신라에 관한 무슬림들의 관념들과 결이 다른, 혹은 같은 해석을 강조해주는 견해들이 얼마나 나올지는 아무도 알 수 없다.

　하지만 우리는 지금까지 이슬람권에서 발간되었고 해독을 마친 필사본들 속 신라에 관한 기록들을 추적하는 과정을 통해 적어도 여섯 가지 결론을 내릴 수 있다.

　먼저 무슬림들에게 신라는 동아시아 내의 지리적 대상 중에서 중국 다음으로 중요한 위치를 차지했다. 그들은 신라의 자연과 인문에 관해 관찰했으며, 중국과의 관계에 관해서도 상당한 통찰을 보였다. 그리고 이를 상당히 비중 있게 기록했다. 그리고 그 주요한 이유에는 동아시아로 진출한 초기 무슬림들이 중국 내에서 가장 활발하게 활동했던 9세기 중후반의 당나라 후기에 신라가 동아시아 무역에서 차지하는 높은 위상과 중국 내 역할이 반영되어 있었다. 그리고 공교롭게도 그 기록들은 후대 신라에 대한 관념에서 관성을 가지는데, 이는 당말의 혼란과 외국인 학살로 많은 무슬림들이 중국을 떠나 동남아나 신라로 이동 후 한참 뒤 중국으로 복귀할 때 이미 신라가 멸망한 것과 관련이 있다.

둘째, 무슬림 저자들은 이슬람의 관점에서 천지가 창조되고 최초의 인류가 시작되는 인류사를 나무의 뿌리처럼 추적하고, 여기에서부터 자신들이 활동하는 시기의 인류까지 권역별로 민족과 문명이 분화해 가는 과정을 가지가 뻗어 나가듯 하나로 이어나가는 포괄적인 그림을 완성하고자 했다. 이 그림 속에서 이들은 신라인들의 기원부터 변화하는 과정에 관한 지위와 좌표를 부여해주려 했다. 이를 통해 다른 온 인류가 활동해 온 시간과 공간 전체 속에서 신라인들이 함께 어우러지도록 노력했다.

셋째, 무슬림들은 신라로 건너간 조상들이 그곳의 좋은 환경으로 인해 다시는 떠나지 않았다고 믿었고, 이 믿음은 신라가 멸망하고도 수백 년간 지속되었다. 그 배경에는 앞서 이야기했듯 신라가 역사의 뒤안길로 사라지기 직전에 대부분의 무슬림들이 중국에서 겪었던 고난(실종과 연락 두절, 중국에 설치한 본부로부터의 철수와 한참 뒤 중국에 새 왕조가 들어서고서야 재진출)을 겪는 기간에 이미 신라가 고려로 교체된 상황 등이 영향을 미쳤을 수 있다.

넷째, 신라에 관한 무슬림들의 인식은 후대로 가면서 지역별로 나뉘었다. 한반도와 직접 교류하던 동부 이슬람 세계는 주로 새로 등장한 고려에 관해 사실적이고 풍부한 정보를 생산하는 데 주력했다면, 이들과 대립했던 서부 이슬람 세계는 과거 지중해 지역의 고대 지리 지식에 새로운 의미를 부여하고 이를 강화하기 위해 그리스 신화 속 '행복의 섬'인 카나리제도와 무슬림들의 새로운 '행복의 섬'인 신라를 비교해가며 점점 쌍둥이로 만들려 했다. 그리고 이들을 양극단에 배치시키더니 결국 자신들의 관점에서 중요한 신라를 카나리제도보다 우위에 놓았다.

다섯째, 무슬림 천문 지리학자들은 세계 최초로 신라에 위도와 경도를 부여했고, 그 값을 이슬람 세계에서 신라가 지니는 가치와 상징성의 변화에 맞춰 완전히 창조적으로 조정하기도 했다. 초기 천문학자들에게 신라는 중국에서 더 동쪽으로 바다 건너에, 인류의 영역과 미지의 세계를 가르는 지표였다. 그래서 그들이 부여한 신라의 위치는 그들이 중국으로 도달하기까지의 항로의 마지막 항구 위치를 기준으로 설정되어 있었다. 하지만 후대의 천문지리학자들은 신라를 중국 너머인 동시에 세계의 동쪽 종점이자 본초자오선으로 삼았고, 그 때문에 결국에는 전통적으로 적도 위 동쪽 끝에 놓였던 이정표를 대체해 신라를 동경 180도에 놓기에 이르렀다.

 마지막으로 신라에 관한 무슬림들의 인식은 하나의 대상에 대한 이해에만 머무르지 않고 이슬람 세계의 세계관과 우주관, 더 나아가 비이슬람 세계의 우주관에도 영향을 주었다. 선대 무슬림들은 신라를 중국의 이웃으로 여겼지만, 후대인들은 중국과 동남아시아 섬들 사이에서 여러 관념을 공유하는 지역으로 분류했다.

 따라서 그들의 신라에 관한 관념의 일부는 동남아시아에 대한 관념에도 투사되었다. 그 때문에 이미 황금이 많지만 야만적이라는 인식이 팽배했던 동남아시아의 일부 섬들에 대해서도 무슬림들이 과거 신라에게만 부여했던 문명세계의 동쪽 끝에 자리한 천국이자 모든 무슬림들이 자발적으로 영구 정착해서 행복을 누리고 있다는 인식을 공유했다. 이렇게 중국의 동쪽 바다 건너 섬에 황금의 엘도라도가 있다는 무슬림들의 인식은 후일 유럽인들이 서쪽으로 대서양을 건너면 있다고 믿은 지팡구를 찾아 나서는 모험을 떠나는 데 기여했다. 결과적으로 이 여행은 전 지구가 하나가 되는 대역사의 계기가 되었다. 물론 신라가 동남아에 대한 무슬림들의 인식에 영향을 준 것처럼 동남아시아에 대한 인식 역시 신라에 대한 무슬림들의 관념에 영향을 주었다.

아이러니하게도 신라인들은 무슬림들이 자신들을 어떻게 인식하고 묘사했는지를 알았다고 보기 힘들다. 또 무슬림들의 그러한 인식 변화에 신라나 후대의 고려가 능동적인 역할을 했을 가능성도 희박하다. 그럼에도 불구하고 신라의 고의성이나 적극성이 없는 영향력은 중세 내내 이슬람 세계의 지리와, 뒤이어 그들의 지리를 교과서 삼아 세계로 진출했던 유럽, 그리고 이 둘의 지도를 바탕으로 새롭게 세계를 인식한 동아시아의 지리 지식을 통해 전 지구의 소통과 상호 이해에 이바지하였다.

근대 이후를 제외하면, 이웃 중국과 일본 외에 한국에 이 정도의 지대한 관심을 가지고 이를 기록으로 적극 남겼던 이는 지구상에 무슬림뿐이다. 그리고 무슬림들 역사에도 신라처럼 변화무쌍하게 역할을 바꿔가며 영향을 준 이도 없다. 둘은 상대의 역사에 실제로 개입하기 위해 적극적으로 노력한 적도 적고, 서로를 통해 외부 세계에 자신의 존재를 알리려는 시도도 하지 않았다. 그럼에도 이슬람 세계는 유별날 정도로 신라에 관심을 가졌고, 신라는 발달한 이슬람 문명에게서 수많은 지적 자양분을 흡수하는 동시에, 이들에게 풍부한 상상과 서사의 공간을 제공했다.

세종대왕의 이슬람 문화 금지령 이후 한국과 이슬람 세계는 긴 시간 만에 직접 대면하고 서로에게 다가서고 있다. 하지만 많은 한국인은 우리의 옛 친구였던 무슬림들에게 아직 적지 않은 무지와 편견과 불안감을 가지고 있다. 이제 서로에 대한 이해를 복원하는 시점에서 과거 무슬림들은 우리를 어떻게 생각하고 평가했는지, 또 능동적이지도 의도하지도 않았지만 실질적으로 많은 역할을 했던 우리의 영향력에 대해 들여다 보는 것은 어떨까? 이 주제라면 적어도 우리와 그들은 즐거운 대화를 이어나갈 수 있을 것이다.

무관심은 무지를 낳고, 무지는 공포를 낳고, 공포는 분쟁을 낳는다.

서로 간에 불필요한 오해와 갈등을 미연에 방지하는 첫 단추는 서로에 대해 잘 아는 것이고, 여기에는 상대에 대한 관심과 열린 마음으로 상대 입장에서 이해해보려는 자세, 그리고 대화와 경험이 수반되어야 한다. 백문이 불여일견, 국내와 이웃부터 세계 방방곡곡의 이슬람 세계, 그리고 사이버 공간까지 이슬람 세계 속으로 들어가 보는 것은 어떨까?

내게 문명교류의 눈을 띄워준 스승님이 늘 하시던 건배사를 다시 외쳐본다.

"교류합시다, 우리!"

미주

들어가며

1 정수일 (2002), 『이슬람문명』 서울: 창비; _____ (2009), 『문명담론과 문명교류』 파주: 살림; _____ (2020), 『우리 안의 실크로드』 서울: 창비; Jeong, Jin Han (2020), The Silk Road and Gyeongju: Gyeongju, the Eastern End of the Silk Roads, *Studies on Cultures along the Silk Roads* 2, 155−166.

2 Jeong, Su−il (2020), Research on the Globality of the Silk Road, *Studies on Cultures along the Silk Roads* 2, 1−8.

제1장

1 이제까지 발해에 관한 중세 이슬람 기록은 발견된 사례는 없다. 그 원인에 관해서는 다양한 학설이 있는데, 본문은 그중 일부를 소개한다.

2 Lee, Hee−Soo & Mohammad Bagher Vosoughi (2020), Ancient Korea in the Arabic and Persian Manuscripts, Samarkand: IICAS, 35−158.

3 아랍어 기록이 다수인 신라 관련 기록과 달리 고려에 관련해서는 페르시아어 기록이 보다 많은 이유는 동부 이슬람권의 언어 사용 경향의 변화도 영향이 있다. 이슬람이 팽창하던 7~9세기는 아랍인이 정복한 지역의 비아랍어 출신 저자들이 아랍어로 저술하는 것이 일반적이었지만, 이후 동부 이슬람 세계에서 페르시아계 주민뿐 아니라 튀르키예계를 비롯한 일부 비아랍·비페르시아계 출신들마저 점차 페르시아어를 사용하는 비중 늘어났다. 따라서 신라보다 후발 왕조인 고려의 경우 페르시아어 저술의 비중도 더 높아진다.

때문에 일찍이 필사본에 대한 정리와 연구가 수행된 중동지역의 아랍어 필사본의 해석에 비해 불안정한 정치·경제적 상황 등으로 인해 근현대 중앙아시아 국가들의 중세 필사본 해독이 상대적으로 더디다는 점에서 장차 고려에 관한 기록이 더 발굴될 여지가 높다고 전망된다. 그럼에도 필자는 신라와 고려가 이슬람 세계 내에서 가졌던 위상과 함의의 차이 등을 고려할 때 적어도 표본 수에 있어서는 신라 관련 기록이 고려 관련 기록을 넘을 것으로 보이지만, 내용의 풍부성과 같은 질적 지표에 있어서는 대체로 고려 관련 기록들이 더 높을 것이라고 본다. 이와 관련한 논점 중 몇 가지는 본문 전체에 걸쳐 간략하게 반복해서 다룬다.

4 Jeong, Jin Han (2020), "Creating the Medieval Geography by using Korea." PhD dissertation, SOAS, University of London.

5 정진한 (2020a), 「신라의 대對 이슬람 세계 수출 품목에 관한 재고: 이븐 쿠르다지바(820~912)의 『諸(제)도로와 諸(제)왕국지』를 중심으로」, 『신라사학회』 48, 134-160쪽 참고.

6 Sulaymān, al-Tājir (2000), *Akhbār al-Ṣīn wa-al-Hind*. Cairo: Dār al-Miṣriya al-Lubnāniya, 57-58.

7 Baḥr al-Zulumāt in *Encyclopaedia of Islam*, New Edition Online.

8 와끄와끄의 위치에 관한 의견을 가장 먼저 제시한 이는 Michael Jan de Goeje 다. 헨리 율 & 앙리 꼬르디에 (2002), 『중국으로 가는 길 : 중세 중국 관련 문헌 집록』. 정수일 역주. 서울: 사계절출판사, 358-360f39를 참고.

9 와끄와끄에 관해서는 Burnham, Emily, "The Edges of the Earth: An Epistemology of the Unknown in Arabic Geographies from the 5/11th - 7/13th Centuries" (PhD dissertation, New York: New York University, 2012)가 가장 종합적인 분석을 제시하고 있다.

10 아직 아랍에서 해당 서적을 주석한 책들 중 신라에 대해 뚜렷한 정의를 내리지 않은 것들이 있다. 대표적으로 Nazmi, Ahmad (2007), *The Muslim Geographical Image of the World in the Middle Ages: A Source Study*. Orientalia Polona. Warsaw: Academic Publishing House Dialog, 265-68; Al-Idrīsī, Abū 'Abd Allāh Muḥammad bin Muḥammad bin 'Abd Allāh bin Idrīsī al-Qurṭubī al-Ḥassanī al-Sabtī (2000), *Nuzhat Al-Mushtāq Fī Ikhtirāq Al-Āfāq*. Edited by Ibrahim Khuri. al-'Ayn: Markaz Zāyid lil-Turāth wa-al-Tārīkh, 401 등이 있다.

11 김순배 (2020), 「입당구법순례행기」, 엔닌이 만난 길 위의 이름들」, 『대한지리학회지』 55(3), 265 - 287쪽; 고태규 (2020), 「9세기 일본인의 중국 여행에 대한 재당신라인의 역할: 엔닌의 [입당구법순례행기]를 중심으로」, 『관광연구저널』 34(2), 19-35쪽 등을 참조.

12 김문경, 해상왕장보고기념사업회 (2007), 『8~10세기 신라무역선단과 강남』, 서울: 해상왕장보고기념사업회 참조.

13 Jeong, Jin Han (2020), 66-80.

14 al-Isfahānī, Ḥasan (between 1390 and 1450), *Kitab al-Bulhan (Book of Wonders)*, Oxford: Bodelian Library, MS. Bodl. Or. 133 http://bodley30.bodley.ox.ac.uk:8180/luna/servlet/view/search/what/MS.%20Bodl.%20Or.%20133?q=Wonders&res=0

15 자세한 세부사항은 Lewis, Bernard (1990), *Race and slavery in the Middle East: an historical enquiry*, Oxford University Press에 잘 정리되어 있다.

16 원어에 가장 가까운 한국어 발음은 이븐 쿠르다듭바이다. 하지만 페르시아계 아랍인인 그의 이름은 페르시아어를 어원으로 하는 단어의 조합을 아랍 이름으로 바꾸고, 이를 다른 외국어로 전사하는 과정에서 언어별로 표기 방식이 통일되지 않은 제각각의 표기법이 사용되어 왔다. 국내 여러 논저 역시 이븐 쿠르다지바, 쿠르디디바, 코르다드베 등 다양한 형태의 한국어로 표기가 나타난다.

17 압바스조의 통신 수단은 육해공으로 이루어져 있다. 가장 주요하고 빈번하게 쓰인 육로의 경우 노정의 환경에 맞춰 말, 낙타, 당나귀와 노새, 도보가 쓰였지만 보다 급한 파발의 경우 새, 주로 비둘기를 이용하여 급보를 전달했다. 하천을 이용한 수상 통신 수단으로 여러 동물들이 쓰였다는 몇몇 역사적 기록이 있으나 그 빈도와 실제 사용 여부에 대한 연구는 아직 가설의 제시 단계에 머물러 있다.

18 Antrim, Zayde (2015), *Routes and Realms: The Power of Place in the Early Islamic World*, Oxford; New York: Oxford University Press, 2015.

19 Ibn Khurdādhbih, ʿUbayd Allāh ibn ʿAbd Allāh (1889), *Kitāb Al-Masālik Al-Mamālik*, ed. Michele Jan de Goeje, Bibliotheca Geographorum Arabicorum. Lugduni Batavorum Vi: Leyden: Brill, 70-71.

20 ibid., 170.

21 ibid., 16-17, 70-71, 170.

22 무함마드 깐수 (1992), 『신라서역교류사』, 단국대학교출판부, 173-190쪽.

23 김문경 (2012, November), "8~9세기 동아시아의 해상교역과 해적", 전남대학교 글로벌디아스포라연구소 국제학술회의, 3-11쪽.

24 김문경, 해상왕장보고기념사업회 (2007), 『8~10세기 신라무역선단과 강남』, 서울: 해상왕장보고기념사업회; 황상석 (2010), 「재외 新羅人경제공동체 연구: '신라인 디아스포라' 형성과 장보고 무역상단의 활동을 중심으로: '신라인 디아스포라' 형성과 장보고 무역상단의 활동을 중심으로」, 『디아스포라연구』, 4-1, 75-104쪽.

25 이주희 (2019), 「대마도 金鑛詐欺사건과 藤原不比等-신라 黃金의 일본 유입과 관련하여-」, 『한일관계사연구』, 65, 49-80쪽.

26 Shulga, Petr I., Daniil P. Shulga, and Karina A. Hasnulina (2021), "Genesis of the Silk Road and its northern directions," *Journal of Siberian Federal University.Humanities &Social Sciences* 14(8), 1167-1180.

27 『삼국사기』 헌강왕편 6년(880년) 9월 9일 조는, 왕이 신하들과 월상루에 올라가 사방을 둘러보니 백성의 집들이 서로 이어져 있고 노래와 음악 소리가 끊이지 않아 시종에게 "지금 민간에서는 기와로 덮고 짚으로 잇지 않으며 숯으로 밥을 짓고 나무를 쓰지 않는다 하는데 사실이냐"고 물었고 신하가 "그리 들었다"고 대답했다고 기록하고 있다. 삼국유사에도 같은 시기에 대한 유사한 기록이 있다.

28 760년 양저우에서 수천 명의 아랍인과 페르시아인이 대학살된 사건에 관해서는 Schafer, Edward H. (1963), *The golden peaches of Samarkand: a study of T'ang exotics*. University of California Press, 17-18; Wan, Lei (2017), "The earliest Muslim communities in China," *Qiraat*. 8. Riyadh: King Faisal Center for research and Islamic Studies, 11; Qi, Dongfang (2010), "Gold and Silver Wares on the Belitung Shipwreck," in Krahl, Regina; Guy, John, Wilson, J. Keith, Raby, Julian (eds.), *Shipwrecked: Tang Treasures and Monsoon Winds*. Washington, D.C.: Arthur M. Sackler Gallery, Smithsonian Institution, 221-227 등을 참고.

29 고중세 한중일 전염병을 집중적으로 연구한 이현숙의 연구들에 따르면 삼국통일 전쟁기인 7세기 중반부터 한반도에는 한반도와 중국 및 일본 각지의 토착병이 유입되었고 대규모 전쟁과 기근, 유민과 병사들의 교환 등으로 인해

전염병이 순환·확산하면서 9세기 중후반까지 전염병의 도가니 시대를 열었다. 특히 9세기 전중반 신라는 평균 5년에 한번 꼴로 천연두를 위시한 전염병의 대유행이 창궐했고 임금 둘을 포함한 다수의 민중들이 사망했다. 이현숙(2003), 「7세기 신라 통일 전쟁과 전염병」, 『대역사와 현실』 28, 117-147.

30 Jeong, Jin Han (Jŭngh, Jin Hān), (2024), *Dirāsat Iḥtimāl ujūd chūyūng biṣifatihi shakhṣiyat muslimat tuʻālij maraḍ al-Judrī fī Sīlā*, In *Al-Islām fī Kūriyā al-Janūbiya al-Shahādāt wa-al-taḥaddiyāt wa-al-Irhāb*, Edited by al-Turābī, ʻUmar al-Bashshī, Dubai: Al Mesbar Studies & Research Centre, 59-82.

31 현전하는 향가 26수 중 신라의 것은 『삼국유사』에 실린 14수이다. 남은 12수는 고려 시대의 것으로 균여의 『균여전』에 11수과 신숭겸의 『장절공신선생실기』의 1수가 전한다.

32 https://www.museum.go.kr/site/main/relic/search/view?relicId=1919

33 나례는 음력 섣달 그믐날 궁중에서 묵은 해의 잡귀를 몰아내기 위해 공연하던 궁궐의례이다. 다른 이름으로는 구나驅儺, 대나大儺, 나희儺戱 등이 있다(한국민족문화대백과사전, 2024, 한국학중앙연구원). 나례와 같은 구마 행사는 궁중뿐 아니라 민간에서도 행해졌는데 늦어도 고려 초기인 1040년(정종 6)부터는 연말 나례를 시행했고 처용무는 이에 빠지지 않고 등장한다. 구나 의식을 보여주는 대표적 한시인 이색의 '구나행驅儺行'의 24수 중 마지막 6수는 다음과 같이 처용무로 구성되어 있다. "신라의 처용이 머리에 칠보七寶를 이었는데. 꽃가지 머리 눌러 향기로운 이슬 방울 짓네. 긴 소매 낮게 돌리며 태평시대를 춤추고. 취한 붉은 얼굴 아직 술이 덜 깨었네. 누런 개 방아 찧고, 용은 여의주를 다투네. 가득찬 백수무百獸舞 요임금의 뜰이구나." 新羅處容帶七寶 花枝壓頭香露零 低回長袖舞太平 醉臉爛赤猶未醒 黃犬踏碓龍爭珠 蹌蹌百獸如堯庭.

34 "처용문화제"라는 이름은 종교적인 논란 등의 이유로 2023년부터 "울산공업축제"로 바뀌었으나 축제 개막에 맞춰 '처용암' 앞에 설치된 '처용공원'에서 처용에게 올리는 '처용제의'와 관련 공연은 유지 중이다.

35 https://www.museum.go.kr/site/main/relic/search/view?relicId=4165

36 巡幸國東州郡, 有不知所從來四人, 詣駕前歌舞, 形容可駭, 衣巾詭異, 時人謂之山海精靈古記謂, 王卽位元年事.

37 조선 성종 때 찬간한 『악학궤범樂學軌範』의 제5권 「학鶴·연화대蓮花臺·처용무處容舞 합설合設」조의 처용가에서는 처용의 생김새를 넓은 이마, 무성한 눈썹, 우그러진 귀, 붉은 얼굴, 우뚝 솟은 코, 밀어나온 턱 등으로 묘사한다. 그리

고 같은 책 제9권 관복도설冠服圖說에는 처용관복도설處容冠服圖說에는 처용탈의 형태를 그린 삽화와 함께 처용의 복식 및 처용탈 제작에 관한 설명도 있다.

38 기사耆社란 원래 70세 이상 정이품正二品 이상의 중신을 우대하는 뜻에서 만든 모임이다. 이 첩은 1719년(숙종 45) 4월 17일, 18일에 있었던 경로잔치를 글과 그림으로 기록한 것으로 1720년에 완성되었다. 이 기사 모임은 왕이 친히 참석하신 귀한 자리였으며, 이유李濡(1645~1721) 등 11명이 참석대상이었다. 모두 12부를 만들어 1부는 기사의 관청에서 보관하고 11부는 참석한 중신들이 1부씩 나누었다고 한다. 숙종이 내린 글, 서문과 발문, 행사 장면을 그린 그림, 참석 중신들의 초상과 직접 쓴 축시祝詩 등으로 구성되었다. 제일 뒤에는 서사관書寫官 이의방李義芳, 화원畵員 김진여金振汝 등 5명의 명단이 있어 이 화첩의 제작배경과 제작자를 명확히 알 수 있다. 당대 최고의 궁중 예술가들이 최고급 재료를 써서 제작한 궁중행사의 공식기록 그림으로서 조선 후기 문화의 품격을 대변하는 작품이다. https://museum.go.kr/site/main/relic/treasure/view?relicId=3169

39 〈경주 신라 원성왕릉 석상 및 석주 일괄 중 무인상 정면〉, 한국민족문화대백과사전 https://encykorea.aks.ac.kr/Article/E0002826

40 〈경주 신라 원성왕릉 석상 및 석주 일괄 중 문인상 정면〉, 한국민족문화대백과사전 https://encykorea.aks.ac.kr/Article/E0002826

41 Browne, Edward G. (1921), *Arabian Medicine: being the Fitzpatrick Lectures Delivered at the College of Physicians in November 1919 and November 1920*, Cambridge: University Press, 44; Sezgin, Fuat (1999), *Muḥammad Ibn Zakarīyā' Ar-Rāzī (D. 313/925): Texts and Studies; Institute for the History of Arabic-Islamic Science*, Frankfurt am Main, Johann Wolfgang Goethe University, 276, 283.

42 Ibn Khurdādhbih (1889), 70.

43 Chung, Kei Won & George F. Hourani, (1938), "Arab Geographers on Korea," *Journal of the American Oriental Society* 58, no. 4, 658-61; 무함마드 깐수 (1992), 앞의 책, 158쪽; 이용범 (1969), 「처용설화의 일고찰」, 『진단학보』 32; 이희수 (1991), 『한-이슬람 교류사』, 문덕사; 김문경 (2006), 「9세기 후반 신라인의 해상활동」, 서울: 해상왕장보고기념사업회, 92f94; 김창석 (2006), 「8-10세기 이슬람 제종족의 신라 來往과 그 배경」, 『한국 고대사 연구』 44, 93-126쪽; 박남수 (2011), 『한국 고대의 동아시아 교역사』, 주류성 등.

44　무함마드 깐수, 앞의 책.

45　Jeong (2020), 193.

46　ibid., 196-198.

제2장

1　정진한 (2020c), 「이슬람 세계관 속 신라의 역사: 알마스우디(c. 896-965)의 창세기로부터 각 민족의 기원을 중심으로」, 『아랍어와 아랍문학』 24(2), 191-192, 194-195쪽.

2　Al-Mas'ūdī, Abū al-Ḥasan 'Alī (1841), *Kitab Murūj al-Dhahab*. Translated by Aloys Sprenger, *Al-Masudis Historical Encyclopaedia*, London: W. H. Allen, 1:358.

3　Al-Mas'ūdī (1841), 1:374-5.

4　Al-Mas'ūdī (1841), 2:169.

5　이슬람의 이스마일 봉헌에 관해서는 정진한 (2023) 「아담과 아브라함, 무함마드의 발자취를 좇아서: 이슬람의 순례」, 『기독교사상』 770, 61-62쪽 참조.

6　무슬림들은 이슬람을 무함마드가 창시했다고 보지 않는다. 이슬람의 관점에서 종교의 태동은 하나님(아랍어로 알라)이 최초의 인류인 아담을 창조한 시점부터이며 이 아담이 최초의 무슬림이자 최초의 선지자이다. 이슬람에서 무함마드는 새로운 종교의 창시자가 아니라 기존에 존재했던 이슬람을 '마지막 예언자'로서 계시를 완성한 인물에 해당한다. 정진한, 위의 책, 61쪽.

7　이에 관해서는 정진한 (2020b), 「이슬람 세계가 신라를 황금의 섬으로 인식한 관념적 연원: 세상의 동쪽 끝 황금 섬들의 신화에 대한 인식론적 분석」, 『중동문제연구』 19(2), 33-60쪽에서 상세히 다룬 바가 있다.

8　곡과 마곡에 위치에 관한 기독교 성서학적 연구는 정인철 (2010), 「서양고지도에 나타난 곡과 마곡의 표현 유형」, 『대한지리학회지』 45(1), 165-183쪽을, 이슬람 성서학적 연구는 Delumeau, J. (2000), *History of Paradise*. University of Illinois Press. Urbana를 참조.

9　정진한 (2020c), 199-200쪽.

10　이와 같은 분류법은 알마스우디 이전에도 있었고 이후 여러 무슬림 작가들

도 활용했다. 뒤에 나오는 알비루니의 7대 움마 도표를 참조.

11 Jeong, Jin Han (2020), "Creating the Medieval Geography by using Korea." PhD dissertation, SOAS, University of London, 62f2.

12 정진한 (2020c), 198-202.

13 지팡구는 중근세 유럽 지리서에 등장하는 일본의 명칭 중의 하나로 저자와 언어에 따라 Sypangu, Zipangu, Chipangu, Cipangu 등의 형태로 등장하는데, 일본국을 당시 중국 남부 방언으로 발성한 것에서 유래했다고 보는 견해가 우세하다. 마르코 폴로 등을 통해 유명해졌는데 대체로 중국에서 동쪽 바다 건너에 있는 황금이 아주 풍부한 섬으로 묘사된다.

14 Jeong (2020), 23. 보다 상세한 내용은 Casson, Lionel (1989), *The Periplus Maris Erythraei: Text with Introduction, Translation, and Commentary*. Princeton, New Jersey: Princeton University Press의 서문을 참조.

15 Bostock, John, and Henry T. Riley (1855), *Pliny the Elder: The natural history*, Perseus at Tufts.

16 이창식 (2005), 「서불설화의 동아시아적 성격」, 『어문학』 88, 231-252쪽 참조

제3장

1 고대 중국 역시 같은 원리의 일종인 방격도법方格圖法으로 지도를 제작했다. 가장 먼저 후한後漢의 장형張衡(78~139)은 100리를 기준으로 하는 격자를 지도에 놓고 지명과 지형을 표기하는 방격도법을 고안해 우공지역도禹公地域圖를 제작했고, 이어 서진의 배수裵秀(224~271)가 지도 제작원리인 제도육체製圖六體의 이론을 세웠다 전해진다. 화내해이도華內海夷圖와 고금군국현도사이술古今君國縣道四夷述이라는 지리서도 펴낸 당나라의 재상 가탐賈耽(730~805)은 100리를 1촌으로 하는 방격도법으로 가로 10m, 세로 9m에 달하는 초대형 지도로 801년에 제작했다고 전해지나 이들 고지도는 모두 일찍 소실됐다. 방격도법을 적용한 중국의 세계지도 중 가장 이른 시기에 제작된 것은 남송대인 1136년경 제작된 우적도禹迹圖와 화이도華夷圖이다. 이들은 한반도 내의 일부 영토와 지명도 기록했다.

2 Al-Bīrūnī, Abū al-Rayḥān Muḥammad ibn Aḥmad (1954), *Kitāb Al-Qānūn al-Masʿūdī = The Book of Al-Masʿūdī's Canon*. Vol. 1. 2 vols. Ḥaydar Ābād al-Dakan: Maṭbaʿat Majilis Dāʾirat al-Maʿārif al-ʿUthmānīyah, 549.

3   Jeong (2020), Appendix.

4   이슬람의 성지 순례와 관련해서는 정진한 (2023)을 참조.

5   여타 대부분의 문명권들 역시 세상의 동쪽 끝이라는 위치에 신화적 요소를 부여했다. 그 대부분은 동쪽에서 해가 뜨고 서쪽에서 지는 자연적 특성을 반영해 동쪽 끝에는 탄생과 부활, 태초와 낙원 및 신들과 신선들의 세계라는 설정을 적용했고, 실제 바다 건너가 미지의 영역이라는 조건이 적용되기 용이한 동쪽의 땅 끝 건너 큰 바다 가운데 섬 또는 섬들이라는 전형 또한 빈번했다. 대표적으로 기독교의 에덴 동산, 동아시아의 봉래산이나 삼신산, 그리스-로마의 황금의 섬 등이 있다. 정진한 (2020b), 「이슬람 세계가 신라를 황금의 섬으로 인식한 관념적 연원: 세상의 동쪽 끝 황금 섬들의 신화에 대한 인식론적 분석」, 『중동문제연구』 19(2), 33-60쪽 참조.

6   https://commons.wikimedia.org/wiki/File:Cosmographia_%E2%80%93_Ulm_1482_-_Kungliga_Biblioteket_-_3276974-thumb.png

7   https://commons.wikimedia.org/wiki/File:Ptolemy_Asia_detail.jpg#file

8   옥에오에서 발견된 로마 금화에 새겨진 초상화와 이름의 주인공은 안토니우스 피우스라는 설과 그 후임 황제인 마르쿠스 아우렐리우스(재위 161~180)라는 설이 있다. 어느 쪽이든 프톨레미의 활동기와 겹치며, 통상 이런 장거리 무역의 경우 동전이 전달되는 과정에서 서로 다른 구간을 운용한 여러 상인집단을 거친다는 것을 감안한다면, 또 발굴되지 않거나 발굴된 동전 이전에도 거래가 있었을 수 있다는 것을 감안한다면 프톨레미의 지리 지식과 이 동전의 주조 시기의 그리스-로마인들의 지리 지식이 비슷하다는 추정은 충분히 합리적이다.

9   물론 그의 지도 속 중국이 동경 180도보다 더 동쪽으로 이어지고, 이러한 지역은 그의 지도에서 표시되지 않기 때문에 최동단의 항구들의 경도를 정확한 숫자가 아닌 세타로 처리했다는 추정도 무리는 아니다. 하지만 0부터 90까지의 숫자로 안정적으로 표기할 수 있는 위도마저 세타로 표시했다는 점은, 각 항구들의 위치가 너무 동쪽이라서기보다는 그가 경위도를 매길 정도로 정밀하게 위치를 찾지 못했을 가능성이 커서라는 추정에 더 무게를 실어 주고 있다.

10 Jafri 외 3인이 복원한 세계지도 중 동아시아 해역에 관한 4장의 지도를 저자가 재편집하였다. Jeong (2020), 134f5.

11 유대교와 기독교, 이슬람의 경전에는 곡과 마곡이라는 종족(마곡은 곡이 사는 지

역의 이름으로 등장할 때도 있다)의 실제와 이들이 종말을 앞둔 최후의 전쟁(아마겟돈)에서 신앙인들의 적군으로 맞선다는 개념을 공유한다. 그리고 중세시기 이 세 종교의 문명권에 속한 지역에서는 이들의 지역을 실제로 탐험했다는 여행기를 비롯한 다양한 장르의 관련 저서들이 발간되었다. 정인철 (2010), 「서양고지도에 나타난 곡과 마곡의 표현 유형」, 『대한지리학회지』 45(1), 165−183 참조.

12 혼일강리역대국도 등의 고지도 이름에서 보듯 과거의 세계지도는 현재의 지명과 지리적 경계만을 표시하지 않고 역사상 존재했던 중요한 지명들을 기입하는 것이 흔했다. 따라서 알−크와라즈미에 나오는 여러 그리스 지명들을 단순히 과거 지명을 베껴 넣었다고 보기는 어렵다. 오히려 현재는 유효하지 않은 지명이나 경계더라도 세계의 역사와 지리를 이해하는 것에 유의미하다면 기입한 경우가 더 많았다. 다만 알−크와라즈미의 경우에는 새로 개척된 지형의 경우 참고할 자료가 부족했기에 같은 테마와 지명을 과거에 알던 지역과 현재 개척된 지역에 분배하는 과정에서 선택지가 여럿이 되었다. 즉 과거 지역에만 두거나, 현재 지역으로 옮기거나, 두 지역 모두에 표기하는 모든 형태가 함께 나타나고 있다.

13 현대 아랍어에서 자우하르Jawhar는 통상 루비를 지칭한다. 루비는 경도가 높은 보석류의 일종인 강옥 중에서 붉은색인 루비와 나머지 색상의 사파이어로 구분되는데, 당시 아랍어 자우하르는 루비와 사파이어를 포괄해 통칭했기에 강옥에 해당한다.

14 신라와 자우하르섬과 야꾸트섬 사이의 관계에 관해서는 정진한(2020b), 126, 129−132쪽; 정진한 (2021), 46−55쪽; Jeong (2020), 222−232를 참조.

15 Al−Bīrūnī (1954), al−Biruni (2024), 549−550.

16 Al−Bīrūnī (1954), 547.

제4장

1 쌍화는 7세기 이후 동아시아에 정착한 무슬림들이 만들어 팔던 빵의 한 종류이다. 한국에는 통일신라부터 고려 시대까지 주요 도시에 정착한 무슬림들 – 위구르인, 페르시아인, 아랍인 등 – 이 요리해서 판매했는데 그 조리법은 현재 전하지 않아 그 실체에 관해서는 다양한 견해가 분분하다. 가장 다수의 견해는 서아시아, 중앙아시아, 남아시아, 동남아시아 등지의 무슬림들이 흔히 먹고 쌍화와 이름도 유사한 사무사(언어권과 지역에 따라 삼사, 삼보사 등으로 다양하게

불린다)로 추측한다. 사무사는 각종 고기(와 때론 채소를 곁들여)를 밀가루 반죽으로 싸서 튀긴 만두의 일종으로, 고기를 좋아하고 오늘날까지도 조리와 휴대에 용이한 음식을 선호하는 유목민들이 즐겨 먹는 음식이며, 지역별로 만두의 소와 크기 및 무늬가 제각각이다. 다른 견해로는 소가 없는 찐빵이나, 호떡, 술떡이라고 하기도 하고, 드물게는 음식 이외의 물품(가령 공예품)으로 추정하기도 한다.

2   신라, 고려 관련 자료 모음은 Lee, Hee-Soo & Mohammad Bagher Vosoughi (2020), *Ancient Korea in the Arabic and Persian Manuscripts*, Samarkand: IICAS가 가장 많은 사료의 실물 이미지와 해석을 담고 있다. 다만 수치 등에 있어 몇 가지 오류가 있다.

3   김정명 (2021), 「이븐 타이미야가 순니파 이슬람 무장단체의 반反시아 이데올로기 형성에 미친 영향」, 『한국이슬람학회논총』, 30(3), 41-68쪽을 참고.

4   Ibn Sa'id al-Maghribī, Nūr al-Dīn abū al-Ḥasan ʿAlī bin Mūsā (1970), *Al-Jughrāfiyā ed. al-ʿArabī*, Ismāʿīl. Beirut: al-Maktabat al-Tijārī li-al-Ṭibāʿat wa-al-Nashar, 1

5   ibid., 19.

6   스리랑카의 중앙부를 차지하는 피두루탈라갈라Pidurutalagala산의 정상인 '아담의 봉우리Adam's Peak'는 고대로부터 다양한 종교에서 성지로 모셔지고 있다. 이 봉우리에는 바위에 움푹 발자국 모양으로 파인 자국이 있어 이 지역의 기독교도와 무슬림들은 이를 에덴동산에서 쫓겨난 아담(또는 사도 도마)의 발자국으로, 불교도는 부처의 발자국으로, 힌두교는 하누만이나 시바로 각각 신봉하는 풍습이 있다.
또 스리랑카에서 인도의 타밀나두 사이의 30km의 해안에는 육안으로 확인이 가능할 정도로 얕은 수심 바로 아래에 띠처럼 이어진 섬들이 양쪽을 연결하고 있다. 일종의 다리 역할을 하는 이 섬들은 고대 힌두 성서인 라마야나(기원전 8세기에서 3세기 사이)에도 나타나는 독특한 지형으로 힌두뿐 아니라 중세 이슬람 지리서에도 '아담의 다리Adam's Bridge'로 자주 등장한다. 물론 라마야나에서는 이 섬들이 아담이 아니라 힌두 신 라마가 라바나로부터 아내 시타를 구출하기 위해 만든 다리라고 기록되어 있다.
1480년경의 기록인 사이클론으로 파괴되어 수면 아래로 가라앉기 전까지 이 섬들은 실제로 수면 위에서 징검다리처럼 스리랑카와 인도아대륙을 연결했다고 하니, 그 이전의 중세 기록에서는 실제로 '다리' 역할을 어느 정도 했다고 볼 수 있다.

7   Al-Dimashqī, Shams al-Dīn abū ʿAbd Allah Muḥammad bin abī-Ṭālib al-Anṣārī (1865), *Nukhbat al-Dahr fī ʿAjāʾib al-Barr wa-al-Baḥr*, ed. ʿAbd al-Muftaqir. Saint Petersburg: Imperial Academy, 64-65, 130-132, 168.

8   ibid., 130.

9   ibid., 18.

10 Jeong (2020), 269-270.

11 Jeong (2020), 240f7.

12 Jeong (2020), 257f13.

13 Al-Dimashqī (1865), 167.

14 Al-Nuwāirī, Shihāb al-Dīn Aḥmad bin ʿAbd al-Wahhāb (1279-1333) (2004), *Nihāyat al-Arb fī Funūn al-Adab*, Dār al-Kutub, al-ʿilmiyā: Beirut, Vol. 1, 127.

15 Abū al-Fidāʾ, Ismāʾīl ibn ʿAlī (1840), *Géographie d'Aboulféda: Texte Arabe Pub. d'après Les Manuscrits de Paris et de Leyde Aux Frais de La Société Asiatique Par Reinaud et Mac Guckin de Slane*. Imprimerie Royale, 432.

16 Ibid.

17 원제는 *Kitāb al-Aṭwāl wa-al-ʿUrūḍ li-al-Furs*(페르시아인들을 위한 경위도서)로 11세기에서 13세기 사이에 미상의 단독 혹은 집단 저자가 저술한 저서다. 원저는 현전하지 않으나 복수의 후대사료의 인용을 통해 그 일부가 전한다. David King 등은 이 사료가 11세기보다 오래 되었을 것으로 추정하지만 Selin과 같은 연구자는 12세기 이전에 집필되었을 리가 없다고 주장한다. 자세한 내용은 Jeong (2020), 219-221, 220f465를 참고.

18 Al-Qalqashandī, Abū al-ʿAbbās Aḥmad bin ʿAlī (1965), *Ṣubḥ al-ʿAʿshā fī Ṣināʿat al-Inshāʾ*, ed. Sham Al-Dīn, Muhammad Hussain. Beirut: Dār al-Andalus, 479.

19 Al-Maqrīzī, Abu al-ʿAbbās Aḥmad bin ʿAlī bin ʿabd al-Qādir al-ʿUbaydī (2002), *Al-Mawāʿiẓ wa-al-Iʿtibār fī Dhikr al-Khiṭaṭ wa-al-Āthār (Sermons and Considerations in Examining Plans and Monuments)*, ed. Ayman Fʾuād Sayyid. Vol. 4. 5 vols. London: Muʾassasat al-Furqān li-al-Turāth al-Islāmī, 32-33.

20 ibid., 492.

21 Al-Kāshī, Jamshīd Ghiyāth al-Dīn, Edward Stewart Kennedy, and Mary Helen Kennedy (1987). *Al-Kāshī's Geographical Table*. Philadelphia: American Philosophical Society, 72v: 1, 24.

22 울루그 벡은 훗날 아버지를 이어 티무르 조의 군주(술탄, 재위 1447~1449)가 된다.

23 캉디즈는 고대 페르시아 신화와 서사시 속에서 등장하는 지명이다. 캉디즈는 중세기의 조로아스터교, 페르시아, 이슬람 문헌 속에서도 종종 등장하는데 그 명칭과 형태가 비일관적이고 관련 서사 역시 아주 다양하다. 그중 일부 후대 문헌은 캉디즈가 세상의 동쪽 끝에 있는 섬으로 등장하고 몇몇은 산맥으로 중국 또는 그 이북 지역과 연결되어 있다. 저자는 이와 같은 캉디즈의 성격 변화를 비슷한 지역에 위치한 신라, 야꾸트, 와끄와끄 등이 가진 관념과 혼용된 것으로 보고 있다.

24 Jeong (2020), 286n531.

25 Abū al-Faẓl, Ibn Mubārak (1897), *Akbar Nāmā*, Translated by Henry Beveridge. Calcutta: Asiatic Society, 554.

참고문헌

▶ 사료

Abū al-Faẓl, Ibn Mubārak (1897), *Akbar Nāmā*, Translated by Henry Beveridge. Calcutta: Asiatic Society.

Abū al-Fidā', Ismā'īl ibn 'Alī (1840), *Géographie d'Aboulféda: Texte Arabe Pub. d'après Les Manuscrits de Paris et de Leyde Aux Frais de La Société Asiatique Par Reinaud et Mac Guckin de Slane*. Imprimerie Royale.

Al-Bīrūnī, Abū al-Rayḥān Muḥammad ibn Aḥmad. (1954), *Kitāb al-Qānūn al-Masʿūdī = The Book of Al-Masʿūdī's Canon*. Vol. 1. 2 vols. Ḥaydar Ābād al-Dakan: Maṭbaʿat Majilis Dā'irat al-Maʿārif al-'Uthmānīyah.

Al-Dimashqī, Shams al-Dīn abū 'Abd Allah Muḥammad bin abī-Ṭālib al-Anṣārī. (1865), *Nukhbat al-Dahr fī ʿAjāʾib al-Barr wa-al-Baḥr*, ed. 'Abd al-Muftaqir. Saint Petersburg: Imperial Academy.

Al-Idrīsī, Abū 'Abd Allāh Muḥammad bin Muḥammad bin 'Abd Allāh bin Idrīsī al-Qurṭubī al-Ḥassanī al-Sabtī (1989), *Kitāb Nuzhat al-Mushtāq Fī Ikhtirāq al-Āfāq*. Vol. 1. 2 vols. Beirut: 'Ālim al-Kutub.

_____ (2000), *Nuzhat al-Mushtāq fī Ikhtirāq al-Āfāq*. Edited by Ibrahim Khuri. al-'Ayn: Markaz Zāyid lil-Turāth wa-al-Tārīkh.

_____ (2020), *Nuzhat al-Mushtāq fī Ikhtirāq al-Afāq*. Oxford, Bodleian Library, MS. Pococke. 375 fol. 3v-4.

Al-Isfahānī, Ḥasan (between 1390 and 1450), *Kitab al-Bulhan (Book of Wonders)*, Oxford: Bodelian Library, MS. Bodl.

Al-Kāshī, Jamshīd Ghiyāth al-Dīn, Edward Stewart Kennedy, and Mary Helen Kennedy (1987), *Al-Kāshī's Geographical Table*. Philadelphia: American Philosophical Society.

Al-Khawārizmī, Abū Ja'far Muḥammad ibn Mūsā (1889), *Kitāb Ṣūrat al-Arḍ min al-Mudun wa-al-Jibāl wa-al-Biḥār wa-al-Jazā'ir wa-al-Anhār Istakhrajahu Abū Ja'far Muḥammad ibn Mūsá min Kitāb al-Jughrāfyā al-ladhī Allafahu Baṭlmyūs al-Qallūdhī*. Edited by Hans von Mžik. Leipzig: Otto Harrassowitz.

Al-Maqrīzī, Abu al-'Abbās Aḥmad bin 'Alī bin 'abd al-Qādir al-'Ubaydī (2002), *al-Mawā'iẓ wa-al-I'tibār fī Dhikr al-Khiṭaṭ wa-al-Āthār* (*Sermons and Considerations in Examining Plans and Monuments*), Edited by Ayman Fu'ād Sayyid. Vol. 4. 5 vols. London: Mu'assasat al Furqān li-al-Turāth al-Islāmī.

Al-Marwazī, Sharaf al-Zamān Ṭāhir (1942), *Sharaf al-Zamān Ṭāhir Marvazī on China, the Turks and India* / Arabic Text (circa A.D. 1120) with an English Translation and Commentary by V. Minorsky. London: Royal Asiatic Society.

Al-Mas'ūdī, Abū al-Ḥasan 'Alī (1841), *Kitāb Murūj al-Dhahab*. Translated by Aloys Sprenger, *Al-Masudis Historical Encyclopaedia*, London: W. H. Allen

Al-Mas'ūdī, Abū al-Ḥasan 'Alī ibn al-Ḥusayn ibn 'Alī (1989), *The Meadows of Gold: The Abbasids*, Edited by Paul Lunde and Caroline Stone. London: Kegan Paul.

Al-Nuwāirī, Shihāb al-Dīn Aḥmad bin 'Abd al-Wahhāb (2004), *Nihāyat al-Arb fī Funūn al-Adab*. Beirut: Dār al-Kutub, al-'īmiyā.

Al-Qalqashandī, Abū al-'Abbās Aḥmad bin 'Alī (1965), *Ṣubḥ al-'A'shā fī Ṣinā'at al-Inshā*, ed. Sham-Dīn, Muhammad Hussain. Beirut: Dār al-Andalus.

Al-Qazwīnī, Zakariyā ibn Muḥammad (1977), *'Ajā'ib al-Makhlūqāt wa-Gharā'ib al-Mawjūdāt*. Beirut: Dār al-Āfāq al-Jadīda.

Al-Sīrāfī, abū Zayd, and Aḥmad ibn Faḍlān (2015), *Two Arabic Travel Books: Accounts of China and India and Mission to the Volga*, trans. Mackintosh-Smith, Tim, and Montgomery, James. New York: New York University Press.

Ennin (1955), *Ennin's Diary: The Record of a Pilgrimage to China in Search of the Law*. Translated by Edwin O. Rischauer. New York: Ronald Press Co.

Ibn Khurdādhbih, 'Ubayd Allāh ibn 'Abd Allāh (1889), *Kitāb al-Masālik al-Mamālik*. Edited by Michele Jan de Goeje, Bibliotheca Geographorum Arabicorum. Lugduni Batavorum Vi: Leyden:Brill.

Ibn Rusta, Abū ʿAlī ʾAḥmad bin ʿUmar (1998), *Kitāb al-Aʿlāq al-Nafisa*. Beirut: Dār al-Kutub al-ʿilmiya.

Ibn Saʿīd al-Maghribī, Nūr al-Dīn abū al-Ḥasan ʿAlī bin Mūsā (1970), *Al-Jughrāfiyā* Edited by al-ʿArabī, Ismāʿīl. Beirut: al-Maktabat al-Tijārī li-al-Ṭibāʿat wa-al-Nashar.

Sulaymān, al-Tājir (2000), *Akhbār al-Ṣīn wa-al-Hind*. Cairo: Dār al-Miṣriya al-Lubnāniya.

▶ 그 외

고태규 (2020), 「9세기 일본인의 중국 여행에 대한 재당신라인의 역할: 엔닌의 [입당구법순례행기]를 중심으로)」, 『관광연구저널』 34(2), 19-35.

김문경 (2012, November), 「8~9세기 동아시아의 해상교역과 해적」, 『전남대학교 글로벌디아스포라연구소 국제학술회의』, 3-11.

_____, 해상왕장보고기념사업회 (2007), 『8~10세기 신라무역선단과 강남』. 서울: 해상왕장보고기념사업회.

김순배 (2020), 『입당구법순례행기』, 엔닌이 만난 길위의 이름들」, 『대한지리학회지』, 55(3), 265-287.

김정명 (2021), 「이븐 타이미야가 순니파 이슬람 무장단체의 반(反)시아 이데올로기 형성에 미친 영향」, 『한국이슬람학회논총』, 30(3), 41-68.

김정위 (2005), 『이슬람문헌에 비친 한반도 상』. 서울: 해상왕장보고기념사업회.

김창석 (2006), 「8~10세기 이슬람 제종족의 신라 來往과 그 배경」, 『한국고대사연구』 44, 93-126.

무함마드 깐수 (1992), 『신라서역교류사』. 서울: 단대출판사.

박남수 (2009), 「9세기 신라의 대외 교역물품과 그 성격」, 『사학연구』 94, 1-35.

_____ (2009), 「圓仁의 歸國과 在唐 新羅商人의 對日交易」, 『한국사연구』 145, 1-29.

이승영 (2002), 「장보고 정신과 무역대국의 재현」, 『국제통상연구』 7(1), 209-231.

이용범 (1969), 「처용설화의 일고찰」, 『진단학보』 32, 5-38.

이주희 (2019), 「대마도 金鑛詐欺사건과 藤原不比等-신라 黃金의 일본 유입과 관련하여-」, 『한일관계사연구』 65, 49-80.

이창식 (2005), 「서불설화의 동아시아적 성격」, 『어문학』 88, 231-252.

이현숙 (2023), 「7세기 신라 통일 전쟁과 전염병」, 『역사와 현실』, 47, 117-147.

이희수 (1991), 『한이슬람 교류사』. 서울: 문덕사.

_____ (2009), 「이슬람 문화형성에서 사산조 페르시아의 역할과 동아시아와의 교류」, 『한국중동학회논총』 30(1), 1-31.
_____ (2011), 『중동지역 한국학 관련 고문헌 및 역사 어문자료 기초 조사』, 서울: KIEP.
정수일 (2002), 『이슬람문명』 서울: 창비.
_____ (2004), 『혜초의 왕오천축국전』 서울: 학고재.
_____ (2009), 『문명담론과 문명교류』 파주: 살림.
_____ (2020), 『우리 안의 실크로드』 서울: 창비.
정인철 (2010), 「서양고지도에 나타난 곡과 마곡의 표현 유형」, 『대한지리학회지』 45(1), 165-183.
정진한 (2020a), 「신라의 대(對) 이슬람 세계 수출 품목에 관한 재고: 이븐 쿠르다지바(820-912)의 『諸(제)도로와 諸(제)왕국지』를 중심으로」, 『신라사학회』 48, 134-160.
_____ (2020b), 「이슬람 세계가 신라를 황금의 섬으로 인식한 관념적 연원: 세상의 동쪽 끝 황금 섬들의 신화에 대한 인식론적 분석」, 『중동문제연구』 19(2), 33-60.
_____ (2020c), 「이슬람 세계관 속 신라의 역사: 알마스우디(c. 896-965)의 창세기로부터 각 민족의 기원을 중심으로」, 『아랍어와 아랍문학』 24(2), 189-209.
_____ (2020d), 「이슬람 세계와 신라」, 『신라와 실크로드』, 계명대학교실크로드중앙아시아연구원총서, 20(3), 43-58.
_____ (2021), 「중세 이슬람 지리 속 신라의 남하와 이것이 무슬림들의 동남아시아 인식에 미친 영향」, 『한국이슬람학회논총』 31(2), 115-136.
_____ (2023), 「아담과 아브라함, 무함마드의 발자취를 좇아서: 이슬람의 순례」, 『기독교사상』 770, 60-73.
헨리 율 & 앙리 꼬르디에 (2002), 『중국으로 가는 길: 중세 중국 관련 문헌 집록』, 정수일 역주, 서울: 사계절출판사
황상석 (2010), 「재외 新羅人경제공동체 연구: '신라인 디아스포라' 형성과 장보고 무역상단의 활동을 중심으로: '신라인 디아스포라' 형성과 장보고 무역상단의 활동을 중심으로」, 『디아스포라연구』 4(1), 75-104.

Ahmad, Sayyid Maqbul (1987), "Cartography of Al-Sharīf Al-Idrīsī," in *History of Cartography*, II: 156-74. Chicago; London: University of Chicago Press.
Antrim, Zayde (2015) *Routes and Realms: The Power of Place in the Early Islamic*

World. Oxford; New York: Oxford University Press, 2015.

Bostock, John, and Henry T. Riley (1855), "Pliny the Elder: The natural history." Perseus at Tufts.

Browne, Edward G (1921), *Arabian Medicine: being the Fitzpatrick Lectures Delivered at the College of Physicians in November 1919 and November 1920*, Cambridge: University Press.

Burnham, Emily (2012), "The Edges of the Earth: An epistemology of the unknown in Arabic geographies from the 5/11th–7/13th centuries". PhD dissertation, New York University.

Casson, Lionel (1989), *The Periplus Maris Erythraei: Text with Introduction, Translation, and Commentary*. Princeton, New Jersey: Princeton University Press.

Delumeau, J. (2000), *History of Paradise*. University of Illinois Press. Urbana.

Lee, Hee-Soo & Mohammad Bagher Vosoughi (2020), *Ancient Korea in the Arabic and Persian Manuscripts*. Samarkand: IICAS.

Jeong, Jin Han (2020a), "Creating the Medieval Geography by using Korea." PhD dissertation, SOAS. University of London.

_____ (2020b), The Silk Road and Gyeongju: Gyeongju, the Eastern End of the Silk Roads, *Studies on Cultures along the Silk Roads* 2, 155–166.

_____ (2021a), "Islamic Studies of Korea in Medieval Scripts: Medieval Muslims' perception of Korea "as a Muslims' Paradise" and the Influence of Ancient Civilizations' Golden Island in the Sea East of the Eastern End of the World." *European Journal of Korean Studies* 21(2), 323–333.

_____ (2021b), "Reinterpreting the story of Cheoyong by approaching the contemporary Muslim migration in East Asia and epidemics." 한국이슬람학회 춘계국제학술대회: Korea and the Arab – Islamic World, 6월 5일.

Jūngh, Jīn Hān (2024), *Dirāsat Iḥtimāl Ūjūd Chūyūng bi-al-ṣifatihi Shakhṣiyat Muslimat Tuʿālij Maraḍ al-Judrī fī Sīlā, In Al-Islām fī Kūriyā al-Janūbiya al-Shahādāt wa-al-Taḥaddiyāt wa-al-Irhāb*, Edited by al-Turābī, ʿUmar al-Bashshī, Dubai: Al Mesbar Studies & Research Centre, 59–82.

Jeong, Su-il (2020), Research on the Globality of the Silk Road, *Studies on Cultures along the Silk Roads* 2, 1–8.

King, David & Samsó, J. "Zīdj.": in *Encyclopaedia of Islam*, Second Edition.

Lewis, Bernard (1990), *Race and slavery in the Middle East: an historical enquiry*. Oxford University Press.

Nazmi, Ahmad (2007), *The Muslim Geographical Image of the World in the Middle Ages: A Source Study*. Orientalia Polona. Warsaw: Academic Publishing House Dialog.

Pollard, Edward John (2008), "The maritime landscape of Kilwa Kisiwani and its region, Tanzania, 11th to 15th century AD." *Journal of Anthropological Archaeology*, 27(3), 265–280.

Sezgin, Fuat (1999), *Muḥammad Ibn Zakarīyā' Ar-Rāzī (D. 313/925) : Texts and Studies; Institute for the History of Arabic-Islamic Science*. Frankfurt am Main: Johann Wolfgang Goethe University.

_____ (2000), *Mathematical Geography and Cartography in Islam and Their Continuation in the Occident: Translated by Guy Moore and Geoff Sammon*. II. Frankfurt am Main, Institute for the History of Arabic–Islamic Science.

Shulga, Petr I. (2021), Daniil P. Shulga, and Karina A. Hasnulina. "Genesis of the Silk Road and its northern directions." *Journal of Siberian Federal University. Humanities & Social Sciences* 14(8), 1167–1180.

Tagare, G. V. (1994), *The Skanda Purana*. Delhi: Motilal Banarasidas.

Tchórzewska–Kabata, Halina, and Maciej Dąbrowski, eds. (2000), *Moreprecious than gold: treasures of the Polish National Library*. Biblioteka Narodowa.

Vosooghi, Mohammad Bagher (2018). "Geographical Location of Sillā in Muslim Astronomical Literature of the Thirteenth to Sixteenth Centuries CE." *Acta Koreana*, 21(1), 65–79.

이슬람, 신라를 말하다

무슬림의 이상향, 세계의 이정표

초 판 1 쇄 2025년 4월 28일
초 판 2 쇄 2025년 6월 5일

지 은 이 정진한
펴 낸 이 김성배
펴 낸 곳 도서출판 씨아이알

책임편집 신은미
디 자 인 윤현경 엄해정
제작책임 김문갑

등록번호 제2-3285호
등 록 일 2001년 3월 19일
주　　소 (04626) 서울특별시 중구 필동로 8길 43(예장동 1-151)
전화번호 02-2275-8603(대표)
팩스번호 02-2265-9394
홈페이지 www.circom.co.kr

I S B N 979-11-6856-320-9 93910

* 책값은 뒤표지에 있습니다.
* 파본은 구입처에서 교환해드리며, 관련 법령에 따라 환불해드립니다.
* 이 책의 내용을 저작권자의 허가 없이 무단 전재하거나 복제할 경우 저작권법에 의해 처벌받을 수 있습니다.